板書で見る 理科

全単元・全時間の授業のすべて

小学校4年

鳴川哲也・塚田昭一 編著

東洋館
出版社

まえがき

　平成29年３月に学習指導要領が告示されました。２年間の移行措置期間を経て、新小学校学習指導要領は令和２年度より全面実施されます。

　今回改訂された学習指導要領には、予測困難な社会の変化に主体的に関わり、感性を豊かに働かせながら、どのような未来を創っていくのか、どのように社会や人生をよりよいものにしていくのかという目的を自ら考え、自らの可能性を発揮し、よりよい社会や幸福な人生の創り手となる力を身に付けられるようにすることが重要であるという考えが根底に流れています。そのために、これまで育成を目指してきた「生きる力」をより具体化し、育成を目指す資質・能力が三つの柱で整理されました。このような趣旨を踏まえ、小学校理科は以下のような改善がされました。

■　目標の示し方が変わりました

　資質・能力が「知識及び技能」、「思考力、判断力、表現力等」、「学びに向かう力、人間性等」の三つの柱で整理されたことを受け、目標もこの三つで示されました。また、柱書部分には、どのような学習過程を通して資質・能力を育成するのかについても明確にされました。

■　「理科の見方・考え方」が示されました

　「見方・考え方」とは、各教科等の特質に応じた物事を捉える視点や考え方として定義されました。各内容において、子供が自然の事物・現象を捉えるための視点や考え方を軸とした授業改善の取組を活性化させ、理科における資質・能力の育成を目指すことになります。

■　資質・能力を育成する学びの過程が重視されました

　従来、小学校理科では、自然の事物・現象に対する気付き、問題の設定、予想や仮説の設定、検証計画の立案、観察、実験の実施、結果の処理、考察、結論の導出といった問題解決の過程を重視してきました。この問題解決の過程において、どのような資質・能力の育成を目指すのかが明確になりました。それが具体的に示された「問題解決の力」です。

　本書は、このような小学校理科における学習指導要領改訂の趣旨を十分理解し、先駆的に授業に取り入れて実践を積み重ねている全国の先生方が分担して執筆したものです。本書から、小学校理科で大切にすることがご理解いただけると思います。読者の皆様の教職経験のステージに合わせてご活用いただき、日々の授業改善を行っていただければ幸いです。理科好きの子供たちが増えることを願ってやみません。

　最後になりますが、本書の編集に当たりご尽力いただいた先生方、編集、執筆に当たりご助言くださいました東洋館出版社編集部の皆様に心より感謝申し上げます。

　令和２年２月吉日

鳴川　哲也

本書活用のポイント─単元構想ページ─

　本書は、各学年の全単元・全時間について、単元全体の構想と各時間の板書のイメージを中心とした本時案を紹介しています。各単元の冒頭にある単元構想ページの活用のポイントは次のとおりです。

単元名

　単元の並び方は、平成29年告示の学習指導要領に記載されている順番で示しています。実際に授業を行う順番は、各学校のカリキュラム・マネジメントに基づいて工夫してください。

単元の目標

　単元の目標は、平成29年告示の学習指導要領から抜粋しています。各単元で身に付けさせたい資質・能力の全体像を押さえておきましょう。

評価規準

　ここでは、指導要録などの記録に残すための評価を取り上げています。本書では、記録に残すための評価は、①②のように色付きの丸数字で統一して示しています。本時案の評価で思①などと登場したときには、本ページの評価規準と併せて確認することで、より単元全体を意識した授業づくりができるようになります。

1　燃焼の仕組み　A (1)　8時間扱い

単元の目標

　空気の変化に着目して、物の燃え方を多面的に調べる活動を通して、燃焼の仕組みについての理解を図り、観察、実験などに関する技能を身に付けるとともに、主により妥当な考えをつくりだす力や主体的に問題解決しようとする態度を育成する。

評価規準

知識・技能	思考・判断・表現	主体的に学習に取り組む態度
①植物体が燃えるときには、空気中の酸素が使われて二酸化炭素ができることを理解している。 ②燃焼の仕組みについて、観察、実験などの目的に応じて、器具や機器などを選択し、正しく扱いながら調べ、それらの過程や得られた結果を適切に記録している。	①燃焼の仕組みについて、問題を見いだし、予想や仮説を基に、解決の方法を発想し、表現するなどして問題解決している。 ②燃焼の仕組みについて、観察、実験などを行い、物が燃えたときの空気の変化について、より妥当な考えをつくりだし、表現するなどして問題解決している。	①燃焼の仕組みについての事物・現象に進んで関わり、粘り強く、他者と関わりながら問題解決しようとしている。 ②燃焼の仕組みについて学んだことを学習や生活に生かそうとしている。

単元の概要

　第1次では、物が燃える現象を十分に観察し、その仕組みや燃やし続けるための方法について話し合う。その際、空気に着目して、物が燃える現象について疑問をもち、既習の内容や日常生活と関係付けながら、物を燃やし続けるための条件を考えることで、燃焼の仕組みについての自分の考えを深めることができるようにする。また、実験を通して、ろうそくが燃え続けるには、常に空気が入れかわる必要があることを捉えられるようにする。

　第2次では、空気を構成している気体に着目し、物を燃やす働きのある気体について実験を通して追究する。その結果を基に、酸素には物を燃やす働きがあることや、窒素や二酸化炭素には物を燃やす働きがないことを捉えられるようにする。なお、空気には、主に、窒素、酸素、二酸化炭素が含まれていることを捉えることができるようにする。

　第3次では、空気中の酸素や二酸化炭素の割合に着目して、燃える前と燃えた後の空気の変化について実験を通して追究する。その結果を基に、物が燃えるときには、空気中に含まれる酸素の一部が使われて、二酸化炭素ができることを捉えられるようにする。その際、石灰水や測定器具を用いて、「質的・実体的」な見方を働かせて物が燃えたときの空気の変化について捉え、図や絵、文を用いて表現することで、燃焼の仕組みについて自分の考えを深めたり、説明したりできるようにする。

燃焼の仕組み
022

単元の概要

　単元において、次ごとにどのような内容をおさえるべきなのか、どのような学習活動を行うのかという概要をまとめています。

(1)本単元で働かせる「見方・考え方」

燃焼する仕組みについて、主に「質的・実体的」な見方を働かせ、燃焼の前後における気体の体積の割合を調べる活動を通して、「物が燃えるときには、目には見えないけれど、集気瓶の中には空気がある」、「物が燃えた前後で空気に違いがある」といった視点をもって、「物が燃えると空気中の酸素の一部が使われて二酸化炭素ができる」ことなどを捉えるようにする。また、物が燃える前と後における空気の変化について、物の燃焼と空気の性質や組成の変化と関係付け、第6学年で重視される「多面的に考える」という考え方を用いて、燃焼の仕組みについてまとめるようにする。

(2)本単元における「主体的・対話的で深い学び」

本単元では、空気の変化に着目して、物の燃え方を多面的に調べる活動を通して、燃焼の仕組みについての理解を図る。そこで、燃焼の仕組みについて、「主体的・対話的で深い学び」を通して、より妥当な考えをつくりだし、問題を解決していく過程を工夫する。例えば、実験の結果から物が燃えると酸素が減って、二酸化炭素が増えることを学習するが、「一度火が消えた集気瓶の中で、もう一度物を燃やすことができるの？」「ろうそくが燃える前と後の集気瓶の中の空気の違いを、図を使って説明するとどうなるの？」「木や紙などが燃えるときにも同じことが言えるの？」などの働きかけにより、多面的に考えるといった考え方を働かせ、他者と関わりながら、問題を科学的に解決しようとする学習活動の充実を図るようにする。

指導計画（全8時間） 詳細の指導計画は 🌐 01-01参照

次	時	主な学習活動	評価
1	1	○ろうそくを燃やし続けるために必要な条件について話し合う。	(思①)
	2	**実験1** 燃えているろうそくに、底のない集気びんを被せてふたをし、ろうそくの火を観察し、燃焼と空気の関係を調べる。	(思②)
2	3	○空気中に存在する窒素、酸素、二酸化炭素に着目し、ろうそくを燃やす仕組みについて考える。	知②
		実験2 窒素、酸素、二酸化炭素にはろうそくを燃やす働きがあるかを調べる。	
3	4	○ろうそくが燃える前と後とで空気はどのように変わるのか予想する。	思①
	5	**実験3** ろうそくが燃える前と燃えた後とで空気はどう変わるか、石灰水や気体検知管等で調べる。	知②
	6	○実験結果を基に、ろうそくが燃えると空気中の酸素が使われ、二酸化炭素ができることをまとめる。	態①
	7	○実験結果を基に、ろうそくが燃えるのに必要な酸素の割合について考える。	思②
	8	○物が燃えるときの空気の働きについて、学習したことをまとめる。	知①・態②

ここでは、各単元の指導のポイントを示しています。

(1)本単元で働かせる「見方・考え方」 では、領域ごとに例示されている「見方」、学年ごとに例示されている「考え方」を踏まえて、本単元では主にどのような見方・考え方を働かせると、資質・能力を育成することができるのかということを解説しています。

(2)本単元における「主体的・対話的で深い学び」 では、本単元の授業において、「主体的な学び」「対話的な学び」「深い学び」を実現するために、授業においておさえるべきポイントを示しています。

単元の目標や評価規準、指導のポイントなどを押さえた上で、授業をどのように展開していくのかの大枠をここで押さえます。それぞれの学習活動に対応する評価をその右側の欄に示しています。

ここでは、「評価規準」で挙げた記録に残すための評価に加え、本時案では必ずしも記録には残さないけれど指導に生かすという評価も（ ）付きで示しています。本時案での詳細かつ具体的な評価の記述と併せて確認することで、指導と評価の一体化を意識することが大切です。

本書活用のポイント―本時案ページ―

単元の各時間の授業案は、板書のイメージを中心に、目標や評価、授業の流れなどを合わせて見開きで構成しています。各単元の本時案ページの活用のポイントは次のとおりです。

本時のねらい

ここでは、単元構想ページとは異なり、各時間の内容により即したねらいを示しています。

本時の評価

ここでは、各時間における評価について示しています。単元構想ページにある指導計画に示された評価と対応しています。各時間の内容に即した形で示していますので、具体的な評価のポイントを確認することができます。なお、以下の2種類に分類されます。
○思①などと示された評価
　指導要録などの記録に残すための評価を表しています。
○（思①）などと示された評価
　必ずしも記録に残さないけれど、指導に生かす評価を表しています。以降の指導に反映するための教師の見取りとして大切な視点です。

準備するもの

ここでは、観察、実験に必要なもの、板書づくりに必要なものなどを簡条書きで示しています。なお、🄭の付いているワークシートや掲示物は、本書付録のDVDにデータが収録されています。また、板書例に示されているイラストや図もDVDに収録されているので、ワークシートやプリントを作成する際にご活用ください。

第①時

ろうそくを燃やし続けるための条件について、問題を見いだし、予想や仮説をもつ

（本時のねらい）
・燃焼するための条件に目を向け、追究する問題を見いだし、予想や仮説をもつことができる。

（本時の評価）
・燃焼の仕組みについて問題を見いだし、予想や仮説を発想し、表現するなどしている。
（思①）

（準備するもの）
・写真資料　　　　・ろうそく
・集気瓶　　　　　・集気瓶のふた
・燃焼さじ　　　　・マッチ（ライター）
・燃えがら入れ　　・濡れ雑巾

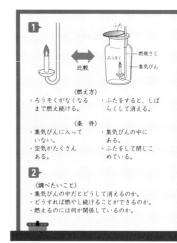

1
〈燃え方〉
・ろうそくがなくなるまで燃え続ける。
・ふたをすると、しばらくして消える。

〈条件〉
・集気びんに入っていない。
・集気びんの中にある。
・空気がたくさんある。
・ふたをして閉じこめている。

2
〈調べたいこと〉
・集気びんの中だとどうして消えるのか。
・どうすれば燃やし続けることができるのか。
・燃えるのには何が関係しているのか。

（授業の流れ）▷▷▷

1 集気瓶の中と外でろうそくの燃え方を比較して、気付いたことを交流する　〈7分〉

・提示された集気瓶の中と外にあるろうそくの燃え方を見て、気付いたことを発表する。
・ろうそくが燃える様子を比較して、「燃え方」「条件」などに目を向けて考える。
「（集気瓶の中と外にある）2つのろうそくを比べて、どんなことに気付けますか」

2 調べてみたいことを話し合い、追究する学習問題をつくる　〈8分〉

・2つのろうそくの火の観察から調べたいことを考え、発表する。
・調べたいことを整理し、全体で追究する問題を共有する。
「どのようなことを調べてみたいですか。気付いたことを墓に考えてみましょう」

ろうそくを燃やし続けるための条件について、問題を見いだし、予想や仮説をもつ
024

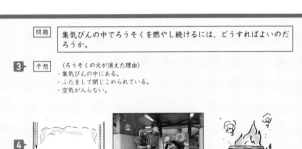

| 問題 | 集気びんの中でろうそくを燃やし続けるには、どうすればよいのだろうか。 |

3 予想　〈ろうそくの火が消えた理由〉
・集気びんの中にある。
・ふたをして閉じこめられている。
・空気が入らない。

4

○空気が関係していそう
・温かい空気は上に行く　→　新しい空気の入り口が下だとよい
・ふたをしない　→　新しい空気が入ってくる
・けむりが出る　→　空気の入り口と出口が必要
・風を送る　→　新しい空気を入れる

3 ろうそくの火が消えた理由を話し合い、燃え続けるための条件について予想する　〈15分〉

・既習の内容や生活経験を基に、集気瓶の中に入れたろうそくの火が消えた理由を考え、ノートに書く。
・燃え続けるときと燃え続けないときについて、「比較する」考え方を働かせる。
「集気瓶の中でろうそくの火が消えた理由を考えてみましょう」

4 燃え続けるための条件について交流し、次時の学習の見通しをもつ　〈15分〉

・一人一人が考えた理由を基に、ろうそくを燃やし続けるために必要な条件について話し合う。
・ろうそくを燃やし続けるために関係していることは「空気」であるという予想を共有する。
「ろうそくを燃やし続けるために必要な条件には『空気』が関係していそうですね。『空気』に着目して調べていきましょう」

第1時
025

本時の板書例

　子供たちの学びを活性化させ、授業の成果を視覚的に確認するための板書例を示しています。学習活動に関する項立てだけでなく、子供の発言例なども示すことで、板書全体の構成をつかみやすくなっています。

　板書に示されている**1**　**2**などの色付きの数字は、「授業の流れ」の各展開と対応しています。どのタイミングで何を提示していくのかを確認し、板書を効果的に活用することを心掛けましょう。

　色付きの吹き出しは、板書をする際の留意点です。これによって、教師がどのようなねらいをもって、板書をしているかを読み取ることができます。留意点を参考にすることで、ねらいを明確にした板書をつくることができるようになります。

　これらの要素をしっかりと把握することで、授業展開と一体となった板書をつくり上げることができます。

授業の流れ

　1時間の授業をどのように展開していくのかについて示しています。

　各展開例について、主な学習活動とともに目安となる時間を示しています。導入に時間を割きすぎたり、主となる学習活動に時間を取れなかったりすることを避けるために、時間配分もしっかりと確認しておきましょう。

　各展開は、「　」：教師の発問や指示等、・：主な活動、＊：留意点等の3つの内容で構成されています。この展開例を参考に、各学級の実態に合わせてアレンジを加え、より効果的な授業展開を図ることが大切です。

板書で見る全単元・全時間の授業のすべて
理科 小学校 4 年
もくじ

1

第4学年における
授業づくりのポイント

資質・能力の育成を目指した 理科の授業づくり

　平成29年告示の小学校学習指導要領は、令和2年度から全面実施されます。この学習指導要領のポイントは、これまで育成を目指してきた「生きる力」をより具体化し、各教科等の目標及び内容を「知識及び技能」、「思考力、判断力、表現力等」、「学びに向かう力、人間性等」の三つの柱で再整理されたことです。まずは「小学校理科では、どのような資質・能力の育成を目指すの？」ということについての理解が重要です。

1　理科の目標

A

　　自然に親しみ、理科の見方・考え方を働かせ、見通しをもって観察、実験を行うことなどを通して、自然の事物・現象についての問題を科学的に解決するために必要な資質・能力を次のとおり育成することを目指す。

B

(1) 自然の事物・現象についての理解を図り、観察、実験などに関する基本的な技能を身に付けるようにする。
(2) 観察、実験などを行い、問題解決の力を養う。
(3) 自然を愛する心情や主体的に問題解決しようとする態度を養う。

2　どのような学習過程を通して資質・能力を育成するの？

　目標のA の部分には、主にどのような学習の過程を通して資質・能力を育成するのかが示されています。この部分を柱書部分と呼びます。

⑴「自然に親しみ」とは

　単に自然に触れたり、慣れ親しんだりするということだけではありません。子供が関心や意欲をもって対象と関わることにより、自ら問題を見いだし、それを追究していく活動を行うとともに、見いだした問題を追究し、解決していく中で、新たな問題を見いだし、繰り返し自然の事物・現象に関わっていくことも含まれています。

⑵「理科の見方・考え方を働かせ」とは

　理科においては、従来、「科学的な見方や考え方」を育成することを重要な目標として位置付け、資質・能力を包括するものとして示してきました。しかし、今回の改訂では、資質・能力をより具体的なものとして示し、「見方・考え方」は資質・能力を育成する過程で子供が働かせる「物事を捉える視点や考え方」として全教科等を通して整理されました。

　問題解決の過程において、自然の事物・現象をどのような視点で捉えるかという「見方」については、理科を構成する領域ごとの特徴から整理が行われました。自然の事物・現象を、「エネルギー」を柱とする領域では、主として量的・関係的な視点で捉えることが、「粒子」を柱とする領域では、主として質的・実体的な視点で捉えることが、「生命」を柱とする領域では、主として共通性・多様性の視点で捉えることが、「地球」を柱とする領域では、主として時間的・空間的な視点で捉えるこ

とが、それぞれの領域における特徴的な視点として整理することができます。

　ただし、これらの特徴的な視点はそれぞれ領域固有のものではなく、その強弱はあるものの、他の領域においても用いられる視点であることや、これら以外にも、理科だけでなく様々な場面で用いられる原因と結果をはじめとして、部分と全体、定性と定量などといった視点もあることに留意する必要があります。

　また、問題解決の過程において、どのような考え方で思考していくかという「考え方」については、これまで理科で育成を目指してきた問題解決の能力を基に整理が行われました。子供が問題解決の過程の中で用いる、比較、関係付け、条件制御、多面的に考えることなどといった考え方を「考え方」として整理したのです。

　「比較する」とは、複数の自然の事物・現象を対応させ、比べることです。比較には、同時に複数の自然の事物・現象を比べたり、ある自然の事物・現象の変化を時間的な前後の関係で比べたりすることなどがあります。「関係付ける」とは、自然の事物・現象を様々な視点から結び付けることです。「関係付け」には、変化とそれに関わる要因を結び付けたり、既習の内容や生活経験と結び付けたりすることなどがあります。「条件を制御する」とは、自然の事物・現象に影響を与えると考えられる要因について、どの要因が影響を与えるかを調べる際に、変化させる要因と変化させない要因を区別するということです。そして「多面的に考える」とは、自然の事物・現象を複数の側面から考えることです。

　このように、新たに定義された「見方・考え方」への理解が求められます。「見方・考え方」は育成を目指す資質・能力そのものではなく、資質・能力を育成する過程で子供が働かせるものであるという理解がとても大切なのです。

⑶「見通しをもって観察、実験を行うことなどを通して」とは

　「見通しをもつ」とは、子供が自然に親しむことによって見いだした問題に対して、予想や仮説をもち、それらを基にして観察、実験などの解決の方法を発想することです。また、「観察、実験を行うことなど」の「など」には、自然の事物・現象から問題を見いだす活動、観察、実験の結果を基に考察する活動、結論を導きだす活動が含まれます。つまり、子供が自然の事物・現象に親しむ中で、そこから問題を見いだし、予想や仮説を基に観察、実験などを行い、結果を整理し、その結果を基に結論を導きだすといった、一連の問題解決の活動を通して、自然の事物・現象についての問題を科学的に解決するために必要な資質・能力を育成することを目指しているのです。

3　どのような資質・能力を育成するの？

　目標の B の部分には、育成を目指す資質・能力が示されています。⑴には「知識及び技能」が、⑵には「思考力、判断力、表現力等」が、⑶には「学びに向かう力、人間性等」が示されています。

⑴　知識及び技能

> ⑴　自然の事物・現象についての理解を図り、観察、実験などに関する基本的な技能を身に付けるようにする。

　子供は、自ら自然の事物・現象に働きかけ、問題を解決していくことにより、自然の事物・現象の性質や規則性などを把握します。このような理解は、その段階での児童の発達や経験に依存したものですが、自然の事物・現象についての科学的な理解の一つと考えることができます。技能については、器具や機器などを目的に応じて工夫して扱うとともに、観察、実験の過程やそこから得られた結

果を適切に記録することが求められます。

(2) 思考力、判断力、表現力等

> (2) 観察、実験などを行い、問題解決の力を養う。

　小学校理科では、学年を通して育成を目指す問題解決の力が示されています。第3学年では、主に差異点や共通点を基に、問題を見いだすといった問題解決の力を、第4学年では、主に既習の内容や生活経験を基に、根拠のある予想や仮説を発想するといった問題解決の力を、第5学年では、主に予想や仮説を基に、解決の方法を発想するといった問題解決の力を、そして、第6学年では、主により妥当な考えをつくりだすといった問題解決の力の育成を目指しています。

　これらの問題解決の力は、その学年で中心的に育成するものですが、実際の指導に当たっては、他の学年で掲げている問題解決の力の育成についても十分に配慮することや、内容区分や単元の特性によって扱い方が異なること、中学校における学習につなげていくことにも留意する必要があります。

(3) 学びに向かう力、人間性等

> (3) 自然を愛する心情や主体的に問題解決しようとする態度を養う。

　植物の栽培や昆虫の飼育という活動や植物の結実の過程や動物の発生や成長について観察したり、調べたりするといった活動など通して、自然を愛する心情を育てることが大切です。さらに、自然環境と人間との共生の手立てを考えながら自然を見直すことや実験などを通して自然の秩序や規則性などに気付くことも、自然を愛する心情を育てることにつながります。

　主体的に問題解決しようとする態度については、意欲的に自然の事物・現象に関わろうとする態度、粘り強く問題解決しようとする態度、他者と関わりながら問題解決しようとする態度、学んだことを自然の事物・現象や日常生活に当てはめてみようとする態度などの育成を目指していくことが大切です。

4　主体的・対話的で深い学びの実現に向けた授業改善

　今回の学習指導要領では、単元など内容や時間のまとまりを見通して、その中で育む資質・能力の育成に向けて、子供の主体的・対話的で深い学びの実現を図るようにすることが求められています。

　「主体的・対話的で深い学び」は、必ずしも1単位時間の授業の中で全てが実現されるものではありません。子供や学校の実態、指導の内容に応じ、単元など内容や時間のまとまりの中で、「主体的な学び」、「対話的な学び」、「深い学び」の視点から授業改善を図ることが重要とされています。

　「主体的な学び」については、例えば、自然の事物・現象から問題を見いだし、見通しをもって観察、実験などを行っているか、観察、実験の結果を基に考察を行い、より妥当な考えをつくりだしているか、自らの学習活動を振り返って意味付けたり、得られた知識や技能を基に、次の問題を発見したり、新たな視点で自然の事物・現象を捉えようとしたりしているかなどの視点から、授業改善を図ることが考えられます。

　「対話的な学び」については、例えば、問題の設定や検証計画の立案、観察、実験の結果の処理、考察の場面などでは、あらかじめ個人で考え、その後、意見交換したり、根拠を基にして議論したりして、自分の考えをより妥当なものにする学習となっているかなどの視点から、授業改善を図ることが考えられます。

　「深い学び」については、例えば、「理科の見方・考え方」を働かせながら問題解決の過程を通して

学ぶことにより、理科で育成を目指す資質・能力を獲得するようになっているか、様々な知識がつながって、より科学的な概念を形成することに向かっているか、さらに、新たに獲得した資質・能力に基づいた「理科の見方・考え方」を、次の学習や日常生活などにおける問題発見・解決の場面で働かせているかなどの視点から、授業改善を図ることが考えられます。

5 学習評価について

(1) 学習評価の基本的な考え方

学習評価は、学校における教育活動に関し、子供の学習状況を評価するものです。「子供にどのような力が身に付いたか」という学習の成果を的確に捉え、教師が指導の改善を図るとともに、子供自身が自らの学習を振り返って次の学習に向かうことができるようにするためにも、学習評価の在り方は重要です。

(2) 学習評価の基本構造

平成29年改訂では、学習指導要領の目標及び内容が資質・能力の三つの柱で再整理されました。これを踏まえ、理科における観点別学習状況の評価の観点についても、「知識・技能」、「思考・判断・表現」、「主体的に学習に取り組む態度」の3観点に整理されました。

育成を目指す資質・能力の一つである、「学びに向かう力、人間性等」については、「主体的に学習に取り組む態度」として観点別評価を通じて見取ることができる部分と、観点別評価や評定にはなじまず、

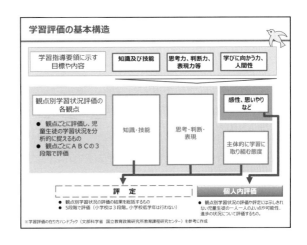

個人内評価を通じて見取る部分があります。理科では、「自然を愛する心情」などが個人内評価となることに留意が必要です。

(3) 観点別評価を行う際の留意点

① 評価の頻度について

学習評価は、日々の授業の中で子供の学習状況を適宜把握して、教師の指導の改善や子供の学習改善に生かすことが重要です。授業を行う際に、重点的に子供の学習状況を見取る観点を明確にし、指導と評価の計画に示すことが大切です。しかし、毎回の授業で、子供全員の観点別学習状況の評価の記録をとり、総括の資料とするために蓄積していくことは現実的ではありません。単元などの内容や時間のまとまりごとに、それぞれの学習状況を把握できる段階で行うなど、その場面を精選しましょう。そのためには、評価の計画が大切になります。評価のための評価ではなく、子供たちの資質・能力を育成するための評価にすることが大切です。

② 「知識・技能」の評価について

「知識」については、自然の事物・現象についての知識を理解しているかどうかを評価しましょう。その際、学習したことを既習の内容や生活経験と結び付けて理解することで、他の学習や生活の場面でも活用できる概念的な理解につながります。

「技能」については、器具や機器などを目的に応じて工夫して扱うとともに、観察、実験の過程や

そこから得られた結果を適切に記録しているかどうかを評価しましょう。

③ 「思考・判断・表現」の評価について

「思考・判断・表現」については、各学年で主に育成を目指す問題解決の力が身に付いているかどうかを評価しましょう。その際、留意しなければならないのは、各学年で主に育成を目指す問題解決の力は、その学年で中心的に育成するものとして示してありますが、実際の指導に当たっては、他の学年で掲げている問題解決の力の育成についても十分に配慮する必要があるということです。

長期的な視野をもち、子供一人一人に、問題解決の力が育成されるよう指導と評価の一体を充実させましょう。

④ 「主体的に学習に取り組む態度」の評価について

これまでは「関心・意欲・態度」という観点だったのですが、新学習指導要領では「主体的に学習に取り組む態度」に変わりました。この観点では、「粘り強い取組を行おうとする側面」と「自らの学習を調整しようとする側面」という二つの側面を評価することが求められています。学習内容に関心をもつことのみならず、解決したい問題に対して、自分なりの考えをもち、粘り強く問題解決しようとすること、他者と関わり、自分の考えを振り返り、自分の考えを見直しながら問題解決しようとするなどといった態度を評価しましょう。

また、「理科を学ぶことの意義や有用性を認識しようとする側面」から、学んだことを学習や生活に生かそうとする態度を評価しましょう。

6 各学年における観点の趣旨

平成31年3月29日に、文部科学省初等中等教育局長より「小学校、中学校、高等学校及び特別支援学校等における児童生徒の学習評価及び指導要録の改善等について（通知）」が出されています。そこには、別紙4として、「各教科等・各学年等の評価の観点等及びその趣旨」が掲載されています。http://www.mext.go.jp/component/b_menu/nc/__icsFiles/afieldfile/2019/04/09/1415196_4_1_2.pdf

評価規準を作成する場合、ここに示された観点の趣旨が大変重要になります。小学校理科は、学年ごとに示されていますが、要素だけを切り取ったものを以下に示しますので、参考にしてください。

【知識・技能】

第3学年	●●について理解しているとともに、器具や機器などを正しく扱いながら調べ、それらの過程や得られた結果を分かりやすく記録している。
第4学年	●●について理解しているとともに、器具や機器などを正しく扱いながら調べ、それらの過程や得られた結果を分かりやすく記録している。
第5学年	●●について理解しているとともに、観察、実験などの目的に応じて、器具や機器などを選択して、正しく扱いながら調べ、それらの過程や得られた結果を適切に記録している。
第6学年	●●について理解しているとともに、観察、実験などの目的に応じて、器具や機器などを選択して、正しく扱いながら調べ、それらの過程や得られた結果を適切に記録している。

【思考・判断・表現】

第3学年	●●について、観察、実験などを行い、主に差異点や共通点を基に、問題を見いだし、表現するなどして問題解決している。
第4学年	●●について、観察、実験などを行い、主に既習の内容や生活経験を基に、根拠のある予想や仮説を発想し、表現するなどして問題解決している。
第5学年	●●について、観察、実験などを行い、主に予想や仮説を基に、解決の方法を発想し、表現するなどして問題解決している。
第6学年	●●について、観察、実験などを行い、主にそれらの●●について、より妥当な考えをつくりだし、表現するなどして問題解決している。

【主体的に学習に取り組む態度】

第3学年	●●についての事物・現象に進んで関わり、他者と関わりながら問題解決しようとしているとともに、学んだことを学習や生活に生かそうとしている。
第4学年	●●についての事物・現象に進んで関わり、他者と関わりながら問題解決しようとしているとともに、学んだことを学習や生活に生かそうとしている。
第5学年	●●についての事物・現象に進んで関わり、粘り強く、他者と関わりながら問題解決しようとしているとともに、学んだことを学習や生活に生かそうとしている。
第6学年	●●についての事物・現象に進んで関わり、粘り強く、他者と関わりながら問題解決しようとしているとともに、学んだことを学習や生活に生かそうとしている。

7 各学年における授業づくりのポイントについて

　次頁からは、各学年の発達の段階や育成を目指す資質・能力などを踏まえ、授業づくりのポイントや板書のポイントを示します。

　また、新学習指導要領のキーワードの1つである「見方・考え方」についても具体的に示していますので、参考にしてください。

　なお、先生方が本書を柔軟に活用できるよう、各単元の総時数については、あえて標準時数よりも少なめに設定し、その中の全授業を板書で示しています。また、単元の並び方は、平成29年告示の学習指導要領に記載されている順番で示しています。実際に授業を行う順番は、各学校のカリキュラム・マネジメントに基づき、工夫しながら組み立てていくことを想定しています。

1 第4学年の理科の特徴

第4学年の理科の特徴は、自然の事物・現象の中から変化とそれに関わる要因を見いだし、その要因を追究しながら問題解決を行っていく点にあります。

例えば、「季節と生物」の学習では、校舎の南側と北側にある同じ種類の桜の成長の様子が違うことから、気温に要因を見いだし、桜の成長と気温とを関係付けながら調べる学習活動が考えられます。

平成24年度全国学力・学習状況調査小学校報告書 p.303

子供は、第3学年の「日なたと日陰」の学習経験を基に、「日なたの地面の温度の方が高いから、南側の桜の方が早く成長すると思う」と根拠をもった予想をします。第4学年では、問題解決の力として、主に「既習の内容や生活経験を基に、根拠のある予想や仮説を発想するといった問題解決の力」の育成を目指しているため、第3学年の理科の学習内容や第1・2学年の生活科の学習内容、また、これまでの生活経験と関係付けながら授業を行っていくことがポイントとなります。子供に対して「何が関係してそのような『変化』や『違い』がおきたと思いますか？」と働き掛けることで、子供自らが事象の「変化」や「違い」の理由を考えるようになり、主体的な学びにつながるようになります。

また、第4学年では「季節と生物」や「月と星」などの学習のように、継続的な観察を通して問題解決を行うことも本学年の特徴と言えます。特に「季節と生物」の学習では、1年間を通してヘチマや桜の木などの成長を観察するので、季節による生物の様々な変化について、子供自らが疑問を感じ、生物の成長と気温とを関係付けて学習できるように意図的な環境を構成することが大切です。

さて、今回の改訂では、第4学年に「B（3）雨水の行方と地面の様子」の内容が新たに追加されました。この学習内容は、災害についての基礎的な理解を図ることを狙いとして設定されました。他学年（第5学年「B（3）流れる水の働きと土地の変化」、「B（4）天気の変化」、第6学年「B（4）土地のつくりと変化」）で示されている「自然災害」の学習内容や他教科（社会科の川の学習）との関連を図りながら授業を進めていくことは、カリキュラム・マネジメントを意識した第4学年の新たな理科の授業づくりのポイントと考えられます。

2 第4学年で育成を目指す資質・能力

⑴ 知識及び技能

「知識及び技能」の資質・能力について、「知識」については、「内容のまとまり」の知識に関する内容を習得できるようにします。また、「技能」については、「器具や機器などを正しく扱う」「分かりやすく記録している」の2つの側面から育成を目指します。

例えば、「A（3『「電流の働き」では、「乾電池の数やつなぎ方を変えると、電流の大きさや向きが変わり、豆電球の明るさやモーターの回り方が変わることを理解している。」ことが「知識」として、また、「電流の働きについて、器具や機器などを正しく扱いながら調べ、それらの過程や得られた結果を分かりやすく記録している。」ことが「技能」として求められています。「技能」において「正しく扱う」とは、「検流計を回路に直列につなぐ」などが考えられます。また、「分かりやすく記

録」とは、「回路図を用いて記録する」ことなどが考えられます。

⑵ 思考力、判断力、表現力等

　「思考力、判断力、表現力等」の資質・能力については、主に既習の内容や生活経験を基に、根拠のある予想や仮説を発想するといった問題解決の力の育成を目指しています。例えば、「A⑶『電流の働き』」では、「電流の働きについて見いだした問題について、既習の内容や生活経験を基に、根拠のある予想や仮説を発想し、表現するなどして問題解決している」ことが求められています。

⑶ 学びに向かう力、人間性等

　「学びに向かう力、人間性等」の資質・能力について、「学びに向かう力」については、「粘り強い取組を行う」「自らの学習を調整する」「理科を学ぶことの意義や有用性を認識する」の3つの側面から育成を目指します。例えば、「A⑶『電流の働き』」では、「電流の働きについての事物・現象に進んで関わり、他者と関わりながら問題解決しようとしている。」「電流の働きについて学んだことを学習や生活に生かそうとしている。」ことが求められています。「人間性等」については、電流の働きを生かしたものづくりなどを通して、自然の秩序や規則性などに気付き、自然を愛する心情を育てることにつながるように授業づくりを行うことが大切です。

3　問題解決の活動において、主に働かせたい「見方・考え方」

　「見方」については、学年ごとではなく、領域ごとに主に働かせる見方が学習指導要領に示されました。また、「考え方」について、第4学年では「関係付け」が示されました。「関係付け」とは、解決したい問題についての予想や仮説を発想する際に、自然の事物・現象と既習の内容や生活経験とを関係付けたり、自然の事物・現象の変化とそれに関わる要因を関係付けたりすることと考えられます。

　ここでは、以下に示した小学校理科全国学力・学習状況調査の問題を例に、エネルギー領域における「見方・考え方」を子供はどのように働かせて問題解決していくかを紹介します。

　問題は、坂道を上り切る手前で止まった「ゴム自動車」、「乾電池自動車」、「光電池自動車」の3台の自動車をどのようにしたら坂を上らせることができたか、その工夫を答えるものです。この問題を解答するにはエネルギー的な見方である「量的・関係的」な視点から考えることが大切です。解答では、ゴム自動車では、ゴムをねじる回数を多くする（量的）と車は速く走る（関係的）、乾電池自動車では、乾電池2つを使い直列つなぎにする（量的）と車は速く走る（関係的）、光電池自動車では、鏡を使って光電池に当たる光を強くする（量的）と車は速く走る（関係的）というように、3台の自動車の働きを強くする要因を記入することが求められました。

　このように、第3学年で扱った「ゴム自動車」を遠くへ移動させるためにゴムを一重巻から二重巻にすることと、第4学年で扱う「乾電池自動車」「光電池自動車」を速く走らせるために乾電池を1つから2つにすること、光電池に光を当てる鏡を1枚から2枚にすることを、同じ「量的・関係的」な視点から着目し、働きを強くする要因と関係付けながら（考え方）問題解決の活動を行っていくことが「見方・考え方」を働かせた子供の姿となり、深い学びを実現する鍵となります。

平成24年度全国学力・学習状況調査
小学校理科大問 ③ ⑴

　ここでは、第4学年における板書のポイントを示します。第4学年では、問題解決の力として、主に「既習の内容や生活経験を基に、根拠のある予想や仮説を発想する」といった問題解決の力の育成を目指しているので、その力の育成を強調した板書例を示します。第4学年の問題解決の力の育成は、第3学年で育成された「問題を見いだす力」の上に成り立っています。したがって、第4学年では、自ら設定した問題に対して、根拠のある予想や仮説を発想することが大切です。

ワークシート　💿05-03

自分の調べたい生物の種類を決め、観察する

　本時のワークシートでは、気温と関係付けて、観察対象を分かりやすく記録することが大切です。分かりやすく記録をするためには、例えば、ヘチマを観察する際に、植木鉢に入ったヘチマ全体を描くのではなく、ヘチマの茎の伸びている部分や葉の大きさに着目して描くなど、子供が調べたい視点が明確にワークシートに絵や文で表現できるように支援することが大切です。

観察記録 ワークシート	年　　組　　名前
（天気　　）（気温　　℃）	月　　日

😊 **学習問題**
　春のころの生物はこれからどのように変わっていくのだろうか？

予想

観察

根拠のある予想を発想する

　タンポポの一年間の変化について予想を話し合う場面では、「共通性・多様性」の見方を働かせて、既習の内容や生活経験を基に、根拠のある予想や仮説を発想することが大切です。そこで本時の板書のように、第1学年でのアサガオや第3学年でのホウセンカを育てた経験を板書することで、同じような過程を通してタンポポも育っていくのではないかという見方を共有できるようにします。また、第4学年では特に「理由」と板書することで、自分の予想（考え）を発表した際には、理由（根拠）を述べることが大切であるということも、板書を通して子供が意識できるようにすることが大切です。

　第4学年の学習においても、第3学年までに培った「問題を見いだす力」を踏まえて学習することが大切です。そこで本時の板書のように、毎年春になると観察できる生物は、一年間どのような変化を経てまた春になると同じ姿になるのか、その生物の途中の変化について話し合い、問題を見いだすことができるように板書を工夫しています。

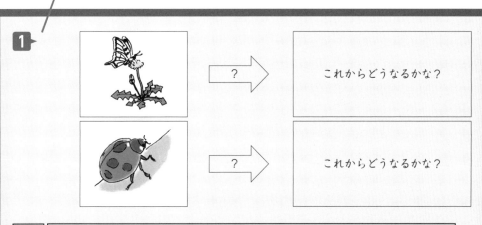

1

| ？ → | これからどうなるかな？ |
| ？ → | これからどうなるかな？ |

問題　**春のころの生物はこれからどのように変わっていくのだろうか。**

2　予想　（タンポポの例）

・タンポポの花はこれからわた毛（たね）になり、また成長して花がさくと思う。
（理由）1年生でアサガオ、3年生でホウセンカを育てた時も、たねから成長し、花がさいたから、タンポポも同じように成長すると思う。

4　これから調べたいこと（観察計画）

・印をつけたタンポポはこれからどのように変化するか調べたい。
・タンポポのわた毛（たね）から本当に芽を出して成長するかも調べたい。

今後どんなことを調べたいか発表し、観察計画を立てる

　子供自身が決めた生物を一年間継続観察していくためには、観察する視点や方法を意識できるようにすることが大切です。

　そこで本時の板書のように、タンポポに印を付けて観察する方法（アイディア）を示したり、他者の発表を聞くことで改めて自分の観察する視点を決めたりすることで、今後の観察計画が立てられるようにします。

2

第 4 学年の授業展開

1 空気と水の性質　A (1)　10時間扱い

単元の目標

　体積や圧し返す力の変化に着目して、それらと圧す力とを関係付けて、空気と水の性質を調べる活動を通して、それらについての理解を図り、観察、実験などに関する技能を身に付けるとともに、主に既習の内容や生活経験を基に、根拠のある予想や仮説を発想する力や主体的に問題解決しようとする態度を育成する。

評価規準

知識・技能	思考・判断・表現	主体的に学習に取り組む態度
①閉じ込めた空気を圧すと、体積は小さくなるが、圧し返す力は大きくなることを理解している。 ②閉じ込めた空気は圧し縮められるが、水は圧し縮められないことを理解している。 ③空気と水の性質について、器具や機器などを正しく扱いながら調べ、それらの過程や得られた結果を分かりやすく記録している。	①空気と水の性質について、既習の内容や生活経験を基に、根拠のある予想や仮説を発想し、表現するなどして問題解決している。 ②空気と水の性質について、観察、実験などを行い、得られた結果を基に考察し、表現するなどして問題解決している。	①空気と水の性質についての事物・現象に進んで関わり、他者と関わりながら問題解決しようとしている。 ②空気と水の性質について学んだことを学習や生活に生かそうとしている。

単元の概要

　第1次では、閉じ込めた空気に力を加えたときに、空気の体積と手ごたえはどうなるのかという問題に対して、既習の内容や生活経験を基に、根拠のある予想や仮説を発想することを大切にしながら、問題解決に取り組む。

　第2次では、閉じ込めた水に力を加えるとどうなるかという問題に対して、空気と水を比較し、その違いに目を向けることを通して、根拠のある予想や仮説を発想するようにする。

　第3次では、空気と水の性質を利用したものについて調べたことを活用しながら、ものづくりに取り組むようにする。

指導のポイント

(1)本単元で働かせる「見方・考え方」

　本単元は、「粒子」を柱とする内容のうち「粒子の存在」に関わる内容である。「空気」という見えないものについて、「質的・実体的」な見方を働かせながら、実験結果という事実を基に、「見えないがそこに存在する」「見えない空気にも性質がある」というような気付きから問題解決を図っていきたい。その際には、第4学年で重視される「関係付け」という考え方や空気と水の「比較」といった考え方を働かせるようにする。そのため、閉じ込めた空気を圧したときの体積変化や、圧し返す力についてイメージ図を用いて表現するような場を設定し、互いのイメージ図について説明し合う活動を通

して、子供が働かせた見方や考え方を価値付けるなどして、自在に見方・考え方を働かせることができるよう支援したい。

⑵本単元における「主体的・対話的で深い学び」

　第4学年では、問題解決の力として、主に既習の内容や生活経験を基に、根拠のある予想や仮説を発想する力を重視している。そのため、根拠のある予想や仮説を発想できるよう、導入段階において十分な体験活動を取り入れることで、自ら問題を見いだし、見通しを持って実験などを行うことにつながると考えられる。また、交流場面では目に見えない空気を絵や図を用いて表現し、考えを共有する場を設定することで、自分の考えをより妥当で科学的なものへと更新していくことができる。

指導計画（全10時間）　詳細の指導計画は 💿 01–01参照

次	時	主な学習活動	評価
1	1・2	○ ポリ袋に空気を閉じ込め、その上に体を乗せたり、圧し合ったりする活動を通して、気付いたことを出し合い、学習問題を見いだす。	（思①）
	3	○ 学習問題に対して、前時の活動や生活経験を根拠に予想や仮説を発想し、表現する	思①
		実験1 ピストンを用いて、加えた力の大きさと、空気の体積や手ごたえの関係を調べる。	
	4・5	○ 実験結果から考察し、結論を導出する。	知①
		○ 閉じ込めた空気に力を加えたときの様子を図に表し、考えを交流する。	
2	6	○ ポリ袋に水を閉じ込め、握ったり、圧したりすることを通して学習問題を見いだす。	態①
		○ 学習問題に対して、先の活動や生活経験を根拠に予想や仮説を発想し、表現する。	
	7	**実験2** ピストンを用いて、加えた力の大きさと、水の体積や手ごたえの関係を調べる。	知②
		○ 実験結果から考察し、結論を導出する。	
		○ 閉じ込めた水に力を加えたときの様子を図に表し、考えを交流する。	
3	8	○ 閉じ込めた空気や水の性質が利用されているものについて調べ、性質がどのように利用されているのかまとめ、交流する。	思②
	9・10	○ 学んだことを生かしてものづくりを行うために、作るものと、どのように性質が利用されているかを表現する。	知③態②
		○ 作った物を交流する。	

第①／②時

閉じ込めた空気に乗ったり圧したりする活動を通して、問題を見いだす

本時のねらい

・閉じ込めた空気に乗ったり、圧したりしたときの気付きを基にして、空気の性質における問題を見いだし、自分の考えを表現することができる。

本時の評価

・自由試行による気付きを基にしながら、閉じ込めた空気に力を加えた際の体積変化や手ごたえについて問題を見いだし、表現している。（思①）

準備するもの

・ポリ袋（人数分）
・ビニル付き針金または輪ゴム（人数分）
・ワークシート
　💿 01-02、03

1 めあて

とじこめた空気について、気づいたことから問題をつくろう

⬇

空気をとじこめる方法は？

袋に空気を入れる！
風船だとゴムが…？

大型モニターに活動の様子やグループごとのワークシートを映し出す

授業の流れ ▷▷▷

1 空気を閉じ込める方法を考える 〈15分〉

空気を閉じ込めている方法を考えている様子

「空気について学習していきましょう。ところで、空気を捕まえることはできますか？」

・生活経験を出し合い、空気を閉じ込めた経験や方法を考える。

・考えをグループや全体で伝え合い、視覚的には捉えられない空気も、閉じ込めることで実体的に捉えられることに気付く。

2 ポリ袋に空気を閉じ込め、その上に乗ったり、圧したりする 〈30分〉

空気に乗ったり圧し合ったりしている様子

＊空気が抜けると危険なため、ポリ袋の口がしっかりとしまっていることを確認してから活動するようにする。

・活動の様子はビデオで撮影しておく。

・空気を閉じ込めたポリ袋に乗ったり、圧したりしたときの様子を体感する。

「閉じ込められた空気に乗ったり、圧したりしたすると、どんなことを感じますか」

気づいたこと

ポリ袋に空気をとじこめて乗ったり、おしたりしてみる

3 空気の体積
・乗ると空気がへこんだ
・押すと空気が移動した
・押すと空気の体積が小さくなった

空気の手ごたえ
・押すと空気が固くなった気がした。
・袋をつかむとふにゃふにゃでやわらかく感じた。

力を加えたときにどうなるのが本当なのかな？

空気 → ？ → ？

カチカチ？

ふにゃふにゃ？

4 問題

とじこめた空気に力を加えると、空気の体積や手ごたえはどうなるのだろうか。

3 自由試行を通して気付いたことをグループでまとめる 〈20分〉

・個人で気付いたことをまとめる。
「活動して気付いたことを、自分でまとめましょう」
＊必要に応じて活動の様子を撮影した動画を視聴する。
・グループで各自の気付きを共有し分類する。
「グループで一人ひとりの気付いたことを、仲間分けしながらまとめましょう」

4 気付いたことを発表し合い、問題を見いだす 〈25分〉

・グループごとに分類整理したワークシートを大型モニターに映し出しながら発表する。
「気付いたことから、どんなことを詳しく調べていきたいですか」
・各グループの発表を基に調べたいことを話し合う。
「次回は閉じ込めた空気に力を加えたときの体積や手ごたえについて調べていきましょう」

第③時

予想や仮説を発想し、実験計画を立てる

(本時のねらい)
・根拠のある予想や仮説を発想し、自分の予想や仮説を確かめるための実験計画を立てることができる。

(本時の評価)
・閉じ込めた空気に力を加えた際の体積変化や手ごたえについて調べるための実験計画を考え、表現している。思①

(準備するもの)
・注射器
・ピストン
・ゴム板
・ワークシート 💿01-04

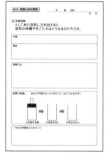

> 1 問題
> とじこめた空気に力を加えると、空気の体積や手ごたえはどうなるのだろうか。
>
> 2 予想
> ### 空気の体積について
> ○小さくなる（20人）
> ・ポリ袋をおしたときに、少しおしこめたように感じたから。
> ・空のペットボトルにフタをしていても、おすとへこむから。
> ○変わらない（10人）
> ・おしたときは、ポリ袋の形が変わっただけで体積は変わっていないと思うから。
>
> > 形が変わると確かめられない！
>
> ### 空気の手ごたえについて
> ○大きくなる（20人）
> ・ポリ袋の上で寝たときに、固く感じたから。
> ・空のペットボトルにフタをするとくしゃくしゃにはならないから。
> ○変わらない（10人）
> ・ポリ袋をつかむと空気が動いてふにゃふにゃに感じたから。

(授業の流れ) ▷▷▷

1 前時に見いだした問題を確認する 〈5分〉

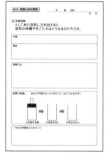

・前時の活動を映像で振り返り、本時の問題を確認する。
「閉じ込めた空気に力を加えたときの体積や手ごたえについて調べていきましょう」
・前時の活動の様子の動画を大型モニターで映し出し、予想の根拠となるようにする。

2 閉じ込めた空気に力を加えると、空気の体積や手ごたえがどうなるか予想し、発表する 〈15分〉

・前時の活動や生活経験を根拠に予想する。
「ポリ袋に空気を閉じ込めて圧したり乗ったりしたときのことや、遊びや生活の中で体験したことをもとに予想しましょう」
・目には見えない空気を閉じ込めて力を加えたときの変化について「質的・実体的」な見方を働かせる。
・予想を交流する。

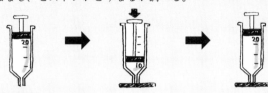

どうしたら
確かめられる？

3 実験方法

①ピストンを引いて注しゃ器の中に空気を入れて目もりを読む。
②ゴム板をしいてピストンに力を加えておしこみ、目もりと手ごたえを調べる。
③手をはなし、ピストンがどうなるか調べる。

4 結果の見通し

力を加えても体積や手ごたえは変わらない

力を加えると体積は小さくなり手ごたえは大きくなる

力を加えると体積は小さくなり手ごたえは変わらない？

3 予想を確かめる方法を話し合う　〈15分〉

「ポリ袋ではどうして確かめにくいのでしょう」
・形が変わらなくて空気を閉じ込められるものを考える。
・固いもの（筒）などの案が出たら、注射器とピストンを提示する。
「ピストンと注射器を使って、どうしたら予想を確かめられるか考えましょう」
・実験方法を考え、交流する。

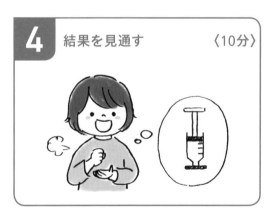

4 結果を見通す　〈10分〉

「この実験でどんな結果が出たら、どういうことが言えますか」
・自分の予想が確かな場合の結果を考える。
・予想される結果と共に、注射器の中の空気についてイメージ図で表現する（空気を「実体的」な見方を働かせて表現する）。
・考えたことを伝え合い、結果の見通しをもつ。

第④／⑤時

閉じ込めた空気に力を加えた結果を基に話し合う

〔本時のねらい〕
・閉じ込めた空気に力を加えたときの体積変化や手ごたえの違いについて、理解することができる。

〔本時の評価〕
・実験結果を根拠にしながら、閉じ込めた空気に力を加えると空気の体積は小さくなるとともに、手ごたえが大きくなることを理解している。知①

〔準備するもの〕
・注射器
・ピストン
・ゴム板
・ワークシート  01-05

---

1 問題

とじこめた空気に力を加えると、空気の体積や手ごたえはどうなるのだろうか。

2 結果

力を加える	1班			2班			3班		
	前	後	力をぬくと	前	後	力をぬくと	前	後	力をぬくと
ピストンのめもりの位置	10	5	10	12	5	12	11	6	11
変化		-5	+5		-7	+7		-5	+5

力を加える	4班			5班			6班		
	前	後	力をぬくと	前	後	力をぬくと	前	後	力をぬくと
ピストンのめもりの位置	10	5	10	10	6	10	10	6	10
変化		-5	+5		-4	+4		-4	+4

考察

○力を加える前と後でピストンの位置が下がった
　⇒力を加えると空気の体積は小さくなる
○手を放すとピストンの位置は元の位置にもどった
　⇒空気の体積が小さくなるほど手ごたえが大きくなる
　⇒元にもどろうとする力が手ごたえの原因と考えられる

〔授業の流れ〕▷▷▷

1 前時に発想した予想や実験方法について振り返り、実験をする　〈25分〉

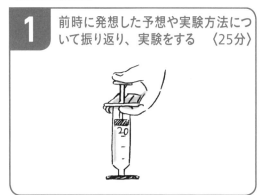

・前時の板書を大型モニターに映し出し、予想や実験方法について振り返る。
・班の中でペアをつくり互いに確認しながら空気の体積変化と手ごたえについて調べる。

「力を加える前後のピストンの位置と手ごたえについて、時間いっぱいできるだけたくさんのデータを集めましょう」

2 結果を共有し、各自で考察する　〈20分〉

・班の中の代表的な（最も多かった）データを全体に示す。
・班でデータを整理し、代表的なデータを発表する。
・各班のデータを基に、結果から考察する。

「みんなの結果から、学習問題に対してどんなことが言えますか。自分の考えを書きましょう」

3 結ろん

> とじこめた空気に力を加えると、空気の体積は小さくなる。
> 空気は体積が小さくなるほど、元にもどろうとする力が大きくなり、手
> ごたえも大きくなる。

4 とじこめた空気に力を加えたときの様子を図に表してみよう

空気をつぶで
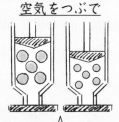

力を加えると一つひとつの空気のつぶが小さくなって、放すと元の大きさにもどるイメージ。

空気を人で

空気を人にたとえたよ。ピストンを空気が支えてて、力を加えると支える力よりも大きくなってしゃがんでしまうイメージ。

空気をばねで
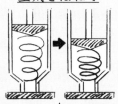

もとに戻るイメージが一番しやすかったからばねで空気を表したよ。

---

3 考察を交流し、結論を導出する　〈20分〉

・考察が書けた児童から、考えを交流する。
・考えを全体で発表し、結論を導出する。
「考えたまとめの文を発表し合いましょう」
「問題に対する結論はどうなると思いますか」
・「実体的」な見方を働かせて図を用いて現象を説明している考えがあれば大型モニターに映し出し、次の活動につなげる。

4 閉じ込めた空気に力を加えたときの様子をイメージ図で表し、交流する　〈25分〉

・目には見えないが閉じ込めた空気を圧すと体積が小さくなり、手応えが大きくなる現象について、「実体的」な見方や「量的・関係的」な見方を働かせてイメージ図で表現する。
「閉じ込めた空気に力を加えた様子を、図に表してみましょう」
・各自のイメージ図を大型モニターで映し出しながら共有する。

第⑥時

閉じ込めた水に力を加えるとどうなるかを予想し、実験方法を考える

本時のねらい
・閉じ込めた水に力を加えた際の体積変化や手ごたえについて予想し、友達と話し合いながら実験方法を考えることができる。

本時の評価
・閉じ込めた水に力を加えた際の体積変化や手ごたえについて、友達と関わりながら、実験方法を考えようとしている。態①

準備するもの
・ポリ袋【小】（人数分）
・ビニル付き針金または輪ゴム（人数分）
・注射器・ピストン
・ゴム板
・ワークシート 💿01-06

1 ポリ袋に水をとじこめておしてみよう
・空気よりぐにゃぐにゃした。
・重さ以外は空気と似ていた。

（体積や手ごたえは空気と同じ？）

問題 | 閉じこめた水に力を加えると、水の体積や手ごたえはどうなるのだろうか。

2 予想

水の体積／手ごたえについて
○小さくなる／大きくなる（20人）
・空気は力を加えると体積が小さくなったから、水も体積が小さくなると思うから。
・ポリ袋をおしたときに、少しおしこめたように感じたから。
・水が入ったペットボトルもへこんでいるのを見たことがあるから。

○変わらない／変わらない（10人）
・おしたときは、ポリ袋の形が変わっただけで体積は変わっていないと思うから。
・空気よりも重たいので体積は変わらないと思うから。
・体積が変わらないということは手ごたえも変わらないから。

授業の流れ ▷▷▷

1 ポリ袋に水を入れ、圧す活動を通して問題を見いだす 〈15分〉

・水を入れたポリ袋を圧したときの様子を体感する。
「今回はポリ袋に空気ではなく、水を入れて圧してみよう」
・圧したときの気付きを交流し、学習問題を見いだす。
「力を加えたときの体積や手ごたえは、空気と同じでしたか」

2 閉じ込めた水に力を加えると、水の体積や手ごたえがどうなるか予想し、発表する 〈15分〉

・既習事項や生活経験を根拠に予想する。
・「質的・実体的」な見方を働かせて、空気での事象と比較する。
「空気を閉じ込めたときのことや、遊びや生活の中で体験したことをもとに予想しましょう」
・予想を交流する。
・空気の際の経験から体積変化と手ごたえをまとめて整理していくようにする。

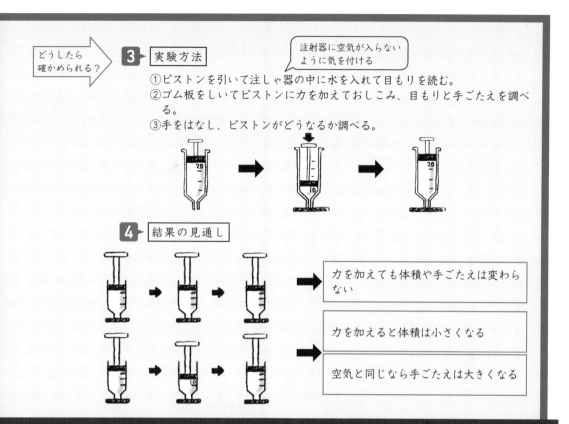

どうしたら
確かめられる？

3 実験方法

注射器に空気が入らない
ように気を付ける

①ピストンを引いて注しゃ器の中に水を入れて目もりを読む。
②ゴム板をしいてピストンに力を加えておしこみ、目もりと手ごたえを調べる。
③手をはなし、ピストンがどうなるか調べる。

4 結果の見通し

力を加えても体積や手ごたえは変わらない

力を加えると体積は小さくなる

空気と同じなら手ごたえは大きくなる

---

3 予想を確かめる方法を
話し合う　　　〈8分〉

・空気の際の実験方法を想起しながら、実験方法を考え、交流する。
「ピストンと注射器を使ってどうしたら予想を確かめられるか考えましょう」
・正しい実験ができるよう注射器に空気が入った場合を提示し、その可否について考えられるようにする。

4 結果を見通す　　　〈7分〉

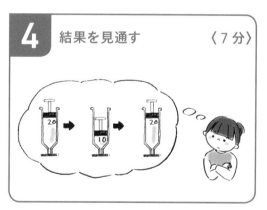

「この実験でどんな結果が出たら、どういうことが言えますか」
・自分の予想が確かな場合の結果を考える。
・予想される結果と共に、注射器の中の水についてイメージ図で表現する。
・大型モニターなどを活用しながら、考えたことを伝え合い、結果の見通しをもつ。

第⑦時

閉じ込めた水に力を加えた結果を基に話し合う

本時のねらい

・閉じ込めた水に力を加えたときの体積変化や手ごたえの違いについて、実験結果を基にして自分の考えを表現することができる。

本時の評価

・実験結果を根拠にしながら、閉じ込めた水に力を加えても水の体積や手ごたえは変わらないことを理解している。知②

準備するもの

・注射器
・ピストン
・ゴム板
・ワークシート  01-07

1 問題

とじこめた水に力を加えると、水の体積や手ごたえはどうなるのだろうか。

2 結果

	1班			2班			3班		
力を加える	前	後	力をぬくと	前	後	力をぬくと	前	後	力をぬくと
ピストンのめもりの位置	10	10	10	12	12	12	11	11	11
変化		0	0		0	0		0	0

	4班			5班			6班		
力を加える	前	後	力をぬくと	前	後	力をぬくと	前	後	力をぬくと
ピストンのめもりの位置	10	10	10	10	10	10	10	10	10
変化		0	0		0	0		0	0

⬇

考察

○力を加える前と後でピストンの位置は変わらなかった
⇒力を加えても水の体積は変わらない
⇒手ごたえも変わらない
⇒とじこめた空気と水の性質はちがう
　（空気はおしちぢめられるが、水はおしちぢめられない）

授業の流れ ▷▷▷

1 前時に発想した予想や実験方法について振り返り、実験をする 〈10分〉

・前時の板書を大型モニターに映し出し、予想や実験方法について振り返る。
・班の中でペアをつくり互いに確認しながら水の体積変化と手ごたえについて調べる。

「力を加える前後のピストンの位置と手ごたえについて、時間いっぱいできるだけたくさんのデータを集めましょう」

2 結果を共有し、各自で考察する 〈15分〉

・班の中のデータを全体に示す。
・班でデータを共有し、1つのデータを発表する。
・結果から考察する。

「みんなの結果から、学習問題に対してどんなことが言えますか。自分の考えを書きましょう」

3 結ろん

とじこめた水に力を加えても、水の体積や手ごたえは変わらない。

4 とじこめた水に力を加えたときの様子を図に表してみよう

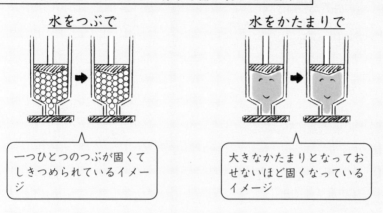

水をつぶで

> 一つひとつのつぶが固くてしきつめられているイメージ

水をかたまりで

> 大きなかたまりとなっておせないほど固くなっているイメージ

とじこめた空気や水の性質は身の回りで利用されているのかな？

3 考察を交流し、結論を導出する　〈10分〉

・考察が書けた子供から、考えを交流する。
・考えを全体で発表し、結論を導出する。
「考えたまとめの文を発表し合いましょう」
「問題に対する結論はどうなると思いますか」
「空気と比べてどうだったでしょうか」
・閉じ込めた空気と水の性質の違いに目を向けさせ、身の回りにこれらの性質が利用されていないか投げかけ、次時の学習問題とする。

4 閉じ込めた空気に力を加えたときの様子をイメージ図で表し、交流する　〈10分〉

・空気の際にかいたイメージ図と比較しながら水が圧し縮められない現象についてイメージ図で表現する。
「閉じ込めた水に力を加えた様子を図に表してみましょう」
・各自のイメージ図を大型モニターで映し出しながら共有する。

第⑧時

閉じ込めた空気や水の性質が利用されているものについて調べ、交流する

本時のねらい

・閉じ込めた空気や水の性質が利用されているものについて、インターネットや本などを用いて調べ、まとめることができる。

本時の評価

・調べたことを基に、閉じ込めた空気や水の性質が利用されているものについて、性質がどのように利用されているかを考え、表現している。思②

準備するもの

・気泡緩衝材　　　・水でっぽう
・ボール　　　　　・霧吹き
・豆腐（未開封）
・タイヤ
・ワークシート 💿 01-08

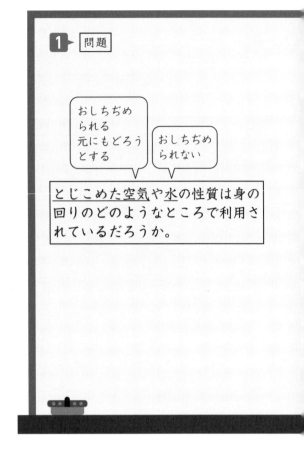

1 問題

> おしちぢめられる 元にもどろうとする
> おしちぢめられない

とじこめた空気や水の性質は身の回りのどのようなところで利用されているだろうか。

授業の流れ ▷▷▷

| **1** | 前時までの学習を振り返り、問題を確認する 〈5分〉 |

・前時までの学習を振り返る。

「閉じ込めた空気や水には、どんな性質がありましたか」

・閉じ込められた空気や水の性質が利用されているものを予想する。

「閉じ込められた空気や水の性質は、身の回りのどんなところで利用されているでしょう」

| **2** | 閉じ込めた空気や水の性質を利用した物を調べる 〈20分〉 |

・閉じ込めた空気や水の性質を利用したものをインターネットや本などを使って調べる。

・タブレットPCや本、プリント等を準備しておきすぐに調べられるようにしておく。

「身の回りで空気や水を閉じ込めて利用しているものを調べてみましょう」

・エアバック、空気でっぽう、噴水、ペットボトルロケットなども考えられる。

4 調べたこと

| タイヤ | ボール | 気ほうかん
しょう材
（プチプチ） | きりふき | とうふの容器 | 水でっぽう |

振動が少なくなるようにして、乗り心地をよくしている。空気を入れないとガタガタ。

安全に、はずむようにしている。空気を入れないとはずまない。

包んでいる物にしょうげきがいかないようにしている。

とじこめた空気をおすと、おしちぢめられた空気が元にもどろうとする力で、水をおし出し、水が出てくる。

とじこめた水はおしちぢめられないから、水を入れておくととうふが傷つかない。

とじこめた水はおしちぢめられないから、穴からおした分だけ水が飛び出る。

結ろん

とじこめた空気や水の性質は、タイヤやボール、とうふの容器など、さまざまなところで利用されている。

---

3 性質がどのように利用されているかまとめる 〈10分〉

・調べたもの物の中から1つ選び、空気や水の性質がどのように利用されているかまとめる。
「調べた物は空気や水の性質が、どのように利用されているのかをまとめて書きましょう」
・まとめられた子供から交流していく。

4 まとめたことを交流する 〈10分〉

・大型モニターに調べた物を映し出しながら、まとめたことを発表する。
「閉じ込めた空気や水の性質がどのように利用されているか説明しましょう」
・発表されたことを基に、結論を導出する。
「問題に対する結論はどうなりますか」
・次時は閉じ込めた空気や水の性質を利用したものづくりを行うことを伝え、見通しをもつ。

学んだことを活用して、ものづくりを行う

本時のねらい

・閉じ込めた空気や水の性質について理解し、どこに利用されているかを考えながら、ものづくりをすることができる。

本時の評価

・空気や水の性質について、ものづくりの過程を分かりやすくワークシートに記録している。知③
・閉じ込めた空気や水の性質を活用して、ものづくりをしようとしている。態②

準備するもの

・空気でっぽう（筒・棒・玉）
・水でっぽう（筒・棒・布・粘着テープ・輪ゴム）
・浮沈子（ペットボトル・弁当用醤油容器・ナット）
・噴水（ペットボトル・ポリエチレン管2本・布）
・それぞれのつくり方をまとめたプリント
・ワークシート 💿 01-09

ワークシート 💿 01-09

単元名 空気と水の性質	年　組　名前
	月　日

☺ 学習問題
とじこめた空気や水の性質を使ってものづくりをしよう

○つくるもの

○つくり方

○利用されている性質と説明

○単元をふりかえって

授業の流れ ▷▷▷

1 閉じ込めた空気や水の性質を利用して作るものを決める〈15分〉

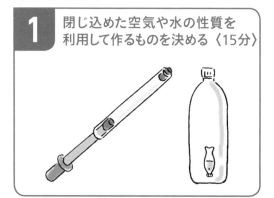

・めあてを確認し、活動の見通しをもつ。
・閉じ込めた空気や水の性質を利用している「もの」について知り、作るものを決める。
・事前にものづくりをすることを伝え、学校で準備しているもの以外で作りたいものがある児童は準備をしてきてもよいようにする。

「できあがったものを見て、自分で作りたいものを決めましょう」

2 ものづくりの計画書（説明書）をつくる〈20分〉

「ワークシートに作り方を整理して書きましょう」

・「もの」ごとに作り方をまとめたプリントを用意しておく。
・作るものには、どのように性質が利用されているのかを書く。

「自分が作るものには、閉じ込めた空気や水の性質がどのように利用されているのかがわかるように書きましょう」

1 めあて とじこめた空気や水の性質を使って、
ものづくりをしよう

空気でっぽう　　　水でっぽう　　　浮沈子　　　　　ふん水
　　　　　　　　　　　　　　　（ふちんし）

前弾　後弾　押し棒

2 計画書

○つくるもの
○作り方
　⇒順じょ立ててかんたんに
○利用されている性質と説明
　⇒とじこめた空気や水の性質がどのように使われているかわかるように

3 単元をふりかえって

学んだこと・できるようになったこと・成長したこと　など

---

3 閉じ込めた空気や水の性質を
利用したものづくりをする 〈40分〉

・計画書に沿ってものづくりを行う。

＊水でっぽうや空気でっぽう、ペットボトルロ
ケットなど、外で試す必要があるものを選ん
だ場合は、時間を設定して人に向けないよう
安全に配慮して行うようにする。

「計画書をよく読んで、安全に気を付けてもの
づくりをしましょう」

4 作ったものを交流する 〈15分〉

・閉じ込めた空気や水の性質がどのように利用
　されているのかを説明する。

「自分が作ったものに、閉じ込めた空気や水の
性質がどのように利用されているかがわかるよ
うに説明しながら交流しましょう」

・単元を振り返り、学んだことやできるように
　なったことをワークシートに記入する。

「単元全体を振り返って、学んだことやできる
ようになったことを書きましょう」

2 金属、水、空気と温度　A(2)　（25時間扱い）

単元の目標

　体積や状態の変化、熱の伝わり方に着目して、それらと温度の変化とを関係付けて、金属、水及び空気の性質を調べる活動を通して、それらについての理解を図り、観察、実験などに関する技能を身に付けるとともに、主に既習の内容や生活経験を基に、根拠のある予想や仮説を発想する力や主体的に問題解決しようとする態度を育成する。

評価規準

知識・技能	思考・判断・表現	主体的に学習に取り組む態度
①金属、水及び空気は、温めたり冷やしたりすると、それらの体積が変わるが、その程度には違いがあることを理解している。 ②金属は熱せられた部分から順に温まるが、水や空気は熱せられた部分が移動して全体が温まることを理解している。 ③水は、温度によって水蒸気や氷に変わること。また、水が氷になると体積が増えることを理解している。 ④金属、水及び空気の性質について、器具や機器などを正しく扱いながら調べ、それらの過程や得られた結果を分かりやすく記録している。	①金属、水及び空気の性質について、既習の内容や生活経験を基に、根拠のある予想や仮説を発想し、表現するなどして問題解決している。 ②金属、水及び空気の性質について、観察、実験などを行い、得られた結果を基に考察し、表現するなどして問題解決している。	①金属、水及び空気の性質についての事物・現象に進んで関わり、他者と関わりながら問題解決しようとしている。 ②金属、水及び空気の性質について学んだことを学習や生活に生かそうとしている。

単元の概要

　第1次では、空気、水、金属を温めると体積は大きくなり、冷やすと小さくなることを理解する。その際、「空気と水の性質」の既習内容などを基に、根拠のある予想や仮説を立てることを大切にする。

　第2次では、金属、空気、水を熱したときの熱の伝わり方に着目し、それらと温度変化とを関係付けて、金属は熱せられた部分から順に温まること、水と空気は熱せられた部分が移動して全体が温まることを捉える。

　第3次では、水を冷やし続けたり熱し続けたりすることで、温度によって水蒸気や氷に変わることを捉え、水の3つの姿について理解する。

指導のポイント

(1)本単元で働かせる「見方・考え方」

　金属、水及び空気を調べる活動では「金属、水、空気と物によって異なる性質があるのではないか」

といった質的な視点や、「目には見えないけれど、物の温まり方にはきまりがあるのではないか」といった実体的な視点などの「質的・実体的」な見方を働かせて、金属、水及び空気の性質の理解を図りたい。また、体積や状態の変化、熱の伝わり方に着目して、それらと温度の変化について、「関係付ける」という考え方を働かせて、金属、水及び空気の性質を捉えるようにする。

⑵**本単元における「主体的・対話的で深い学び」**

　根拠のある予想や仮説を発想する力として、目で見ることができない物の状態の変化や温まり方の視覚化を図る工夫が「主体的・対話的で深い学び」につながる。例えば、子供がモデル図を用いて、水の温まり方を考える場を設定する。「温まる順番はどうなっているの？」「温まり方に違いがあるかな？」などの働きかけにより、水の温まり方を深く考えるようになる。

指導計画（全25時間）　詳細の指導計画は 💿 02-01参照

次	時	主な学習活動	評価
1	1	○空のペットボトルにふたをして、湯や氷水の中に入れたときの様子を話し合う。	(思①)
	2	**実験1** 空気を温めたり、冷やしたりしたときの空気の体積の変化を調べる。	(思①)
	3	○空気の温度が変わると体積がかわるかについて、実験結果から考え、発表する。	知①
	4	**実験2** 水の温度が変わると、試験管の中の水の体積が変化するか調べる。	思①
	5	○水の温度が変わると体積がかわるかについて、実験結果から考え、発表する。	知①
	6	**実験3** 金属の温度が変わると、金属の体積が変化するか調べる。	思①
	7	○金属の温度が変わると体積が変わるかについて、実験結果から考え、発表する。	知①
	8	○温度による物の体積変化について学習したことをまとめる。	態①
2	9	○物はどのように温まるか、生活経験を基に問題を見いだす。	(思①)
	10	**実験4** 金属がどのようにあたたまるか調べる。	思①・(知②)
	11	○金属の温まり方について、実験結果から考え、発表する。	知②
	12	**実験5** 空気がどのように温まるか調べる。	思①
	13	○空気の温まり方について、実験結果から考え、発表する。	知②・知④
	14	**実験6** 水がどのように温まるか調べる。	思①
	15	○水の温まり方について、実験結果から考え、発表する。	知②
	16	○空気、水、金属の温まり方について学習したことをまとめる。	態②
3	17・18	○鍋で水を熱している様子を見て、気付いたことを話し合う。	(思①)
	19	**実験7** 水を冷やし続けるときの、水の温度や様子を調べる。	(思①)
	20	○水を冷やし続けるときの温度や様子について、実験結果を基に、発表する。	知③
	21	**実験8** 水を熱し続けるときの、水の温度や様子を調べる。	思①
	22	○水を熱し続けるときの温度や様子について、実験結果を基に、発表する。	知④
	23	**実験9** 水が沸騰しているときに出てくる湯気と泡を調べる。	思①
	24	○水が沸騰しているときに出てくる泡について、実験結果を基に、発表する。	知③
	25	○温度による水の姿の変化についてまとめる。	思②・態②

第①時

空気の温度による体積変化を予想し、その様子を調べる

本時のねらい
・ペットボトルを湯や氷水の中に入れたときの様子や、ペットボトルの口に石けん水を付けて湯や氷水に入れたときの様子を観察し、空気の体積と温度との関係を考えることができる。

本時の評価
・空気を温めたり、冷やしたりする実験を行い、空気がどのように変化するかという問題を見いだし、表現している。（思①）

準備するもの
・ペットボトル　　　　・水槽
・ポリエチレンの栓　　・石けん水
・お湯、氷水

ものの温度と体積

1　予想

・何も入っていない
・空気

問題　ペットボトルを湯や氷水に入れるとどうなるか。

授業の流れ ▷▷▷

1 空のペットボトルを提示し、ペットボトルの中に何があるか予想する〈5分〉

・空のペットボトルを提示する。
・目には見えないがペットボトルの中には、空気があるという質的・実体的な見方を働かせる。

「空のペットボトルの中には、何があるのですか」

2 空のペットボトルを湯や氷水に入れて、ペットボトルの様子を観察する〈15分〉

・目に見えないが、ペットボトルの中には空気があるという質的・実体的な見方を働かせてペットボトルの変化を観察する。
・3年生で培った「比較する」の考え方を働かせて、湯に入れたときと氷水に入れたときのペットボトルの様子を観察する。

2

湯に入れると
・へんかなし
氷水に入れると
・ペットボトルがへこんだ

3

湯に入れると
・まくがふくらむ
氷水に入れると
・まくがへこむ

4 気付いたこと

・どうして、湯や氷水に入れると、ペットボトルの形が変わったのか。
・なぜ、湯や氷水に入れると、まくがふくらんだりへこんだりするか。
・空気はあたためられると、ふくらむかも。

---

3 ペットボトルの口に石けん水の膜をつけて、湯や氷水に入れて観察する〈15分〉

・目に見えないが、ペットボトルの中には空気があるという質的・実体的な見方でペットボトルの変化を観察する。
・3年生で培った「比較する」の考え方を働かせて、湯に入れたときと氷水に入れたときのペットボトルの様子を観察する。

4 ペットボトルや石けん水の膜の様子について、気付いたことを話し合う〈10分〉

・湯に入れたときと氷水に入れたときを比較して、ペットボトルの中の空気の変化に問題意識をもつ。

「気付いたこと、疑問に思ったことは何ですか」

・話し合いを通して、疑問点を明確にする。
・名前磁石を使い、同じ疑問点の友達を確認する。

第②時

空気の温度による体積変化を予想し、実験計画を立てる

本時のねらい

・空気を温めたり冷やしたりしたときの体積の変化に着目する活動を通して、予想を立てて、予想を検証する実験を考えることができる。

本時の評価

・空気を温めたり、冷やしたりしたときの体積の変化について既習の内容や生活経験を基に、根拠のある予想や仮説を発想し、表現している。(思①)

準備するもの

・試験管　　　・シャーレ
・ビーカー　　・お湯、氷水
・石けん水

問題 空気の温度が変わると、空気の体積はどうなるのだろうか。

気付いたこと

・どうして、湯や氷水に入れると、ペットボトルの形が変わったのか。

授業の流れ ▷▷▷

1 問題を設定する 〈5分〉

・子供が事前の結果と考察をかいたノートの記録を振り返るとともに、教師は前時の実験を提示し、問題を焦点化できるようにする。
・子供が空気の体積変化をとらえることができるようにするため、温めたときの変化だけでなく、冷やしたときの変化も調べるようにする。

2 予想を立てる 〈10分〉

・共通体験として第①時の活動をふまえて、子供が予想を発言したりかいたりしたときには、どのような事実から考えたのか、根拠を問いかける。
「どうして考えたの」「何からそう考えたかな」
・予想を考えやすくするため、子供の予想とその理由を分類して、板書する。

2 予想

体積は変わらない
・空気は目で見ることができないから。
体積は変わる
・空気はあたためられると、ふくらむかも。
・ペットボトルの中の空気の体積が変化したのかな。

3 実験方法

・ペットボトルではなく、試験管なら、形がかわらず空気の体積が変わるか分かりそうだね。
・石けん水のまくの様子から、空気の体積の変化を調べることができそうだね。

ひやす　あたためる

4 結果の見通し

体積は変わらない
・実験をしても、石けん水のまくは変化しないよ
体積は変わる
・実験をして、温めると石けん水のまくがふくらむと思うよ
・実験をして、冷やすと石けん水のまくはへこむと思うよ

3 実験方法を考える　〈25分〉

・実験を考える際に、閉じ込めた空気を温めたり、冷やしたりして体積がどのように変化するか調べるためには、温めたり冷やしたりする前と比較できるようにする。
・空気が上昇してシャボン玉がふくらむと考える子供がいる場合、試験管の口をどう向けて調べればよいか考えるようにする。

4 結果を見通す　〈5分〉

「この実験で、どんな結果が出たら、どういうことが言えますか」
・子供は自分の予想が確かな場合の結果を考える。
・予想される結果と共に、試験管の中の空気についてイメージ図で表現する（空気の「質的・実体的」な見方を働かせて表現する）。

第 ③ 時

空気の温度による体積変化を調べる実験をし、まとめる

（本時のねらい）

・空気を温めたり冷やしたりして、それらの体積の変化を温度と関係付けながら調べ、空気は温めると体積が増え、冷やすと体積が減ることが理解できる。

（本時の評価）

・空気は温めると体積が大きくなり、冷やすと体積が小さくなることを理解している。知①

（準備するもの）

・丸底フラスコ
・石けん液
・風船
・丸形水そう
・ポットとお湯、氷水

（問題）

空気の温度が変わると、空気の体積はどうなるのだろうか。

1　実験　ひやす　　あたためる

2　結果

	はじめ	あたためたとき	ひやしたとき
	まくは しけんかんの 口のところ	まくは ふくらんだ	まくは へこんだ

（授業の流れ）▷▷▷

1　空気を温めたり冷やしたりして体積の変化を調べる　〈20分〉

＊温度は50℃程度でも十分であるが、やけどに気を付けるように声をかける。

2　結果を基に空気の変化を図に表現して考察する　〈5分〉

・「空気が温められる」「空気の体積が増える」など文字で説明する際に、子供に図で表現することを伝えることで、思考を整理できる。

3 考察

- 試験管をあたためると、石けん水のまくがふくらんだから、
  空気の体積が大きくなったと思うよ。
- 石けん水のまくがふくらんだのは、
  空気があたためられて移動したからだと思うよ。
- 試験管を冷やすと、石けん水のまくはへこんだから、
  空気の体積が小さくなったと思うよ。

4 結ろん

- 空気の温度が変わると、空気の体積が変わる。
- 空気はあたためられると体積が大きくなり、
  冷やされると体積が小さくなる。

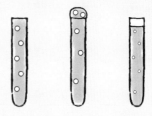

3 個人で考えた考察から、
話し合う　　　　　　　　〈10分〉

- 試験管に付けた石けん水の膜や風船が膨らむ
  のは、温まった空気が上に行くのではなく、
  体積が増えたためであることを理解できるよ
  うに、実験中の試験管の口を横や下にして、
  温める実験の必要性に気付くようにする。

4 話し合った結果をまとめる
〈10分〉

- 話し合った結果をまとめる際には、算数で学
  習した「体積」という言葉を用いて考えるよ
  うに伝える。
- 学んだことを活用して、へこんだピンポン球
  を元に戻す方法を考える活動を設定すること
  により、理解が深まる。

第④時

水の温度による体積変化を予想し、実験計画を立てる

（本時のねらい）
・水の体積の変化を温度と関係付けて調べる方法を考えることができる。

（本時の評価）
・水の温度変化と体積の変化とを関係付け、既習の内容や生活経験を基に、根拠のある予想や仮説を発想し、表現している。思①

（準備するもの）
・試験管　　　・ビーカー
・スタンド　　・ポットとお湯、氷水
・スポイト

1　（ふり返り）
・温度のちがいによって体積が変わるものは、空気の他にもあるのかな。
・「とじこめられた空気と水」のときのように、水でも調べてみたいな。

（問題）
水の温度が変わると、水の体積はどうなるのだろうか。

（授業の流れ）▷▷▷

1　問題を設定する　〈10分〉

・前時までの空気と比較して水を提示し、問題を設定する。お湯を沸かしたり、鍋で水を温めたりする経験があっても、ふたを閉めているため、どうなっているのかは疑問となりやすい。

2　予想を立てる　〈10分〉

・温度によって水の体積が増減するかは、子供の予想が分かれることが多い。予想の根拠を問い返すと既習の「閉じ込められた空気や水」の学習や、前時の空気の性質、生活経験をもとに説明する。多様な子供なりの理由付けを受け止めることが大切である。

2 予想

体積は変わらない

・冷蔵庫で水を冷やしても、体積は変わっていないように見えたよ。だから、水は　体積が変わらないと思うよ。

体積は変わる

・空気は温度が変わると体積が変わったから、水も体積は変わると思うよ。

3 実験方法

・試験管に水を入れると調べることができそうだよ。
・空気の実験と同じように、水を温める場合と水を冷やす場合を調べるとよいね。

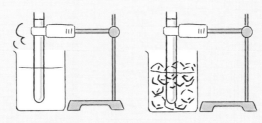

4 結果の見通し

・水面がふくらめば、水の体積は大きくなるということだね。
・水面がへこめば、水の体積は小さくなるということだね。
・水面が変化しなければ、水の体積は変わらないといえそうだね。

---

3 実験方法を考える　〈15分〉

・予想から、子供が実験方法を具体的にイメージできることが大切である。温めたり冷やしたりする前の体積や温度を記録しておくことの必要性に気付くことができるようにする。

4 結果を見通す　〈10分〉

「この実験で、どんな結果が出たら、どういうことが言えますか」

・子供は自分の予想が確かな場合の結果を考える。
・予想される結果と共に、試験管の中の水についてイメージ図で表現する。

第⑤時

水が温まると体積が増えるのか実験し、まとめる

本時のねらい

・水を温めたり冷やしたりして、それらの体積の変化を温度と関係付けながら調べ、水は温めると体積が増え、冷やすと体積が減ることを理解できる。

本時の評価

・水は、温めると体積が大きくなり、冷やすと体積が小さくなることを理解している。知①

準備するもの

・試験管
・スタンド
・スポイト
・ビーカー
・ポットとお湯、氷水

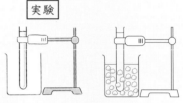

1 問題

水の温度が変わると、水の体積はどうなるのだろうか。

実験

2 結果

	はじめ	あたためたとき	ひやしたとき
	←印	←印	←印
	水面に印をつける	水面が印より少し上	水面が印より少し下

授業の流れ ▷▷▷

1 水を温めたり冷やしたりして体積の変化を調べる 〈15分〉

・ガスコンロやマッチの使い方については、ほとんどの子供が経験していないので、個別に指導する必要がある。

・初期消火は濡れぞうきんを被せるとよいことを伝え、実演してもよい。

2 結果を共有し、各自で考察する 〈10分〉

・温めたり冷やしたりする前の体積や温度を記録しておくことの必要性に子供が気付くことができるようにする。

・水の温度と体積変化を「関係付ける」考え方を働かせて、考察できるようにする。

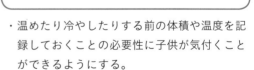

考察
・水はあたためると、体積が少しだけ大きくなる。
・水を冷やすと、体積が少しだけ小さくなる。

3 結ろん

・水も空気と同じように、あたためると体積が大きくなり、冷やすと体積が小さくなる。水の温度による変化は空気よりも小さい。

4 水をあたためたときと冷やしたときの様子を絵で表してみよう

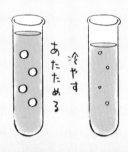

| 3 | 考察を発表し、結論を導きだす 〈10分〉 |

・水の体積の変化についてまとめる際には、結果と考察を分けて考えることが大切である。また、空気と温度を比較して、温め方による体積の変化の違いついて考えるようにすることが大切である。

| 4 | 水を温めたときや冷やしたときの様子をイメージ図で表し交流する 〈10分〉 |

・「質的・実体的」な見方を働かせて水の温度と体積の関係を捉えることができるように、水が温められたときや冷やされたときの様子をイメージ図で表現する。
「水を温めたときの様子や冷やしたときの様子を図で表してみましょう」
・子供が各自で考えたイメージを共有できる時間を確保する。

第⑥時

金属の温度による体積変化を予想し、実験計画を立てる

（本時のねらい）
・金属を温めたり冷やしたりしたときの体積の変化に着目する活動を通して、予想を立てて、予想を検証する実験を考えることができる。

（本時の評価）
・金属を温めたり、冷やしたりしたときの体積の変化について調べる実験計画を考え、表現している。思①

（準備するもの）
・金属球膨張実験器
・実験用カセットコンロ（アルコールランプ）
・空き缶
・濡れぞうきん

---

1 ［ふり返り］
・金ぞくも空気や水と同じように、温度によって体積は変わるのかな。
・金ぞくも温度によって体積が変わるのかどうか調べることができるのかな。

［問題］

金ぞくの温度が変わると、金属の体積はどうなるのだろうか。

（授業の流れ）▷▷▷

1 問題を設定する 〈10分〉

・前時までの空気や水と比較して金属を提示し、問題を設定する。子供は温度によって金属の体積が増減しないと考えることが多い。その理由は「固いから」「金属がふくらんだところを見たことがない」と生活経験から説明することが考えられる。

2 予想を立てる 〈15分〉

・温めたり冷やしたりして金属の体積が変わるのかを調べる方法の基本的な考え方は、これまでの空気や水の場合を生かした子供の発言が期待できる。

2 予想

体積は変わらない

・金ぞくはかたいから、体積は変わらないんじゃないかな。

体積は変わる

・空気や水の体積は変わったのだから、金ぞくの体積も変わると思う。

⬇ 友達の考えを聞いて

3 予想

・水も空気と同じように、あたためると体積が大きくなり、冷やすと体積が小さくなる。水の温度による変化は空気よりも小さい。

4 実験方法

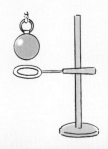

・金ぞくの球をあたためて、体積が大きくなると、金ぞくの輪を通らない。

・金ぞくの球をあたためて、体積が変わらなければ、金ぞくの輪を通る。

---

3 予想を発表し合い、自分の予想を見直す　〈10分〉

・友達の予想や理由を聞いて、納得したら、自分の予想を変えてよいことを伝える。友達の考えを参考にして、自分の考えを深めることの大切さを説明する。

「友達の考えを聞いた上で、自分の予想をどう考えますか。もう一度考えてみましょう」

4 実験計画を考える　〈10分〉

・子供が金属は見た目ではっきり分からない変化かもしれないと考えたところで、金属膨張実験器を紹介する。

・カセットコンロ等の加熱器具を用いるため安全指導をこの時間に行い、次時も確認を行う。とくに、金属球膨張実験器はかなり高温になるため、熱したときは触れないことを確認する。

第 ⑦ 時

金属も温まると体積が増えるのか調べる実験を行い、まとめる

(本時のねらい)
・金属を温めたり冷やしたりして、それらの体積の変化を温度と関係付けながら調べ、金属は温めると体積が増え、冷やすと体積が減ることを理解する。

(本時の評価)
・金属を温めたり冷やしたりすると、その体積が変わることを理解している。知①

(準備するもの)
・金属球膨張実験器
・カセットコンロ（アルコールランプ）
・空き缶
・濡れぞうきん

---

1 問題

金ぞくの温度が変わると、金ぞくの体積はどうなるのだろうか。

けっか

はじめ	ねっしたあと	ひやしたあと
通りぬける	通りぬけない	通りぬける

(授業の流れ) ▷▷▷

1 金属を温めたり冷やしたりして
体積の変化を調べる 〈15分〉

・予想とつなげて金属球膨張実験器の意味を考えて実験に取り組むようにする。実験の意図を明確化することで、温める前後、水で冷やした後の金属球の体積変化を捉えることができる。
＊金属球は大変熱いので、やけどに注意するとともに、水で冷やしてから濡れぞうきんの上に置く。

2 結果を共有し、
各自で考察する 〈10分〉

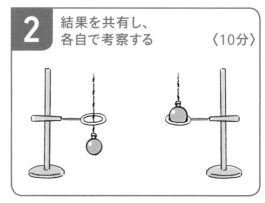

・金属の温度と体積変化を「関係付ける」考え方を働かせて、考察できるようにする。
・この実験結果は「金属球を温めると輪を通らなくなる。また、温める前や冷やした後は輪通る」である。この結果から、何が分かるかを考察する際に、問題や予想に立ち返ることで、実験の目的を再度把握することが重要である。

2 考察
- 金属はあたためると、体積が少しだけ大きくなる。
- 金属は冷やすと、体積が少しだけ小さくなる。

3 結ろん
- 金ぞくも、空気や水と同じように、あたためると体積が大きくなり、ひやすと体積が小さくなる。金ぞくの温度による体積の変化は、空気や水とくらべてとても小さい。

4 金属をあたためたときと冷やしたときの様子を絵で表してみよう

3 考察を発表し、結論を導きだす 〈10分〉

- 金属の体積の変化についてまとめる際にも、結果と考察とを分けて考えることが大切である。
- 金属球膨張実験器の意味が捉えきれない子供には、温めた後と水で冷やした後の変化を比べて考えたり、他の子供に説明する場を設定したりするなど、教師の働きかけが必要である。

4 金属を温めたときや冷やしたときの様子をイメージ図で表し交流する 〈10分〉

- 水の際にかいたイメージ図と比較しながら、金属が温められたときや冷やされたときの様子をイメージ図で表現する。

「金属を温めたときの様子や冷やしたときの様子を図で表してみましょう」

- 子供が各自で考えたイメージを共有できる時間を確保する。

第⑧時

温度と物の体積の変化についてまとめる

本時のねらい

・空気、水、金属を温めると体積が増え、冷やすと体積が減ることと、物によって体積の変化の大きさが違うことを捉えることができる。

本時の評価

・空気、水、金属の温度による体積変化に関する事象に進んで関わり、友達と交流しながら問題解決しようとしている。態①

準備するもの

・電車のレールの写真
・スカイツリーの写真
・ふた付きビン
・１円玉
・ビン

---

1 めあて

> ものの温度と体積で学習
> どのようなところに使わ

2 分かったこと

ビンのふた

3 ふたの部分をあたためると、ふたの体積が大きくなり、ふたを開けやすくなる。

授業の流れ ▷▷▷

1 前時までの学習を振り返り、めあてを確認する 〈5分〉

・前時までの学習を振り返る。

「ものの温度と体積にはどのような関係がありましたか」

・ものの温度と体積が利用されているものを予想する。

「ものの温度と体積で学習したことは、身の回りのどのようなところで使われているでしょう」

2 日常生活で空気や水、金属が温まったり、冷えたりする現象を調べる 〈20分〉

・身の回りの生活と学習したことを結び付けることが大切である。子供が思いつかない場合は、教師から具体的な事例を紹介することも考えられる。

・「ビンのふたが開けづらいときは温めること」

「線路と線路の間の隙間があって、ガタンと音がすること」などが挙げられる。

したことは、身の回りの
れているか調べよう。

レールのすきま　　ビンの口にのせた1円玉　　スカイツリー

レールの間のすきまは、
夏にレールがのびたときに
曲がらないようするため。

手でビンをあたためると、
中の空気があたたかくなり、
一円玉が動く。

太陽の熱で
鉄の一部だけがのびると、
曲がってしまうため、
中心の調整は夜中に行う。

3 ものの温度と体積がどのように
使われているかまとめる　〈10分〉

・調べたものの中から1つ選び、ものの温度
　と体積の関係性がどのように利用されている
　かまとめる。
「調べたものは、ものの温度と体積がどのよう
に使われているかまとめましょう」

4 それぞれがまとめたことをもち寄っ
て、全員の考えをまとめる〈10分〉

・図や表を使った、子供それぞれのまとめ方の
　よさを見取りながら、どのように使われてい
　るか、変化の度合いはどうかという視点で、
　空気、水、金属の温度と体積の変化を関係付
　けてまとめることが大切である。

第⑨時

物はどのように温まるか
という問題を見いだす

（本時のねらい）
・日常生活での経験を振り返り、話し合いを通して金属の温まり方に興味・関心をもち、どのように温まるかという問題を見いだすことができる。

（本時の評価）
・金属の温まり方について、気付いたことを基に問題を見いだしている。（思①）

（準備するもの）
・スプーン
・コップとお湯
・サーモグラフィーの写真

1 めあて

もののあたたまり方について、気づいたことから問題をつくろう

・料理のときに、水をあたためたことがあるよ。
・だんぼうを使い、部屋をあたためたよ。
・料理でフライパンやなべを熱したよ。

2

（授業の流れ）▷▷▷

1 生活の中で、物を温めた経験を話し合う 〈5分〉

・子供が生活経験から、どのようなものを温めたことがあるか問いかける。
・話し合いを通して、本時のめあてをもつ。

2 熱い湯につけた金属のスプーンの様子を調べる 〈15分〉

・子供は、金属は熱が伝わると考えているが、上に伝わっていくイメージをもち、下には伝わらないと考える割合が多い。そこで、湯につけたスプーンの事象提示を行い、スプーンがどのように温まるか問いかける。

3 気づいたこと

・スプーンのはしの方が、湯につかっていないのに
　あたたかく感じたよ。
・湯に近い部分は、スプーンのはしより先に
　あたたかくなっていたよ。
・金ぞくのあたたまり方にはきまりがあるのかな。

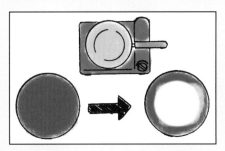

サーモグラフィーの
写真を掲示する

4 問題

金ぞくは、どのようにあたたまるのだろうか

3 気付いたことをまとめる　〈10分〉

・個人で気付いたことをまとめる。
「活動して気付いたことを個人でまとめましょ
う」
・サーモグラフィーを使って、フライパンなど
　の温まる様子を提示することで、フライパン
　の温まる場所に焦点化を図り、金属の温まり
　方への問題意識を高める。

4 気付いたことを発表し合い、
問題を見いだす　〈15分〉

・気付いたことを基に、調べたいことを話し合
　う。
「気付いたことから、どんなことを詳しく調べ
　ていきたいですか」

第⑩時

金属の温まり方について
予想し、実験計画を立てる

本時のねらい
・金属を加熱して温まる様子を調べる実験方法を考える。

本時の評価
・金属の温まり方について、既習内容や生活経験を基に根拠のある予想や仮説を発想し、表現している。思①
・金属の棒が温まる様子を理解している。（知②）

準備するもの
・金属の棒、板
・実験用スタンド
・カセットコンロ
・濡れぞうきん
・るつぼばさみ
・ろう（示温テープや示温インク）

---

1 問題

> 金ぞくは、どのように
> あたたまるのだろうか。

2 予想

・熱したところから遠くへあたたまっていくと思うよ。
・湯に入れたスプーンは下から上へあたたまっていったと思うよ。
　だから、金ぞくは下から上にあたたまるんじゃないかな。
・金ぞくは全体が一気にあたたまると思うよ。

授業の流れ ▷▷▷

1 前時の学習問題を確認する 〈5分〉

・前時の活動を振り返り、本時の学習問題を確認する。

「金属はどのように温まるか調べましょう」

2 金属は、どのように温まるか予想し、発表する 〈15分〉

・前時の活動や生活経験を根拠に予想する。

「これまでに金属を温めた経験などを基に、予想しましょう」

・子供が言葉で予想を説明することが難しい場合は、温まる順番を数字や矢印で表現するように伝える。

3 実験方法

- 金ぞくのぼうや板を熱すると、あたたまり方が分かるよ。
- 金ぞくのぼうは真ん中やはしなど、あたためる場所を変えて調べることができそうだよ。
- 金ぞくの板もあたためる場所を変えて調べたほうがよいね。
- 金ぞくにろうをぬると、あたたまった部分のろうがとけるから、あたたまり方が分かるね。

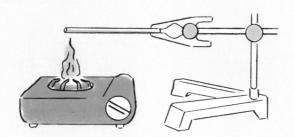

4 結果の見通し

　　　　　　　　という予想ならば、　　　　　　　　という結果になるはず。

---

3 予想を確かめる実験方法を話し合う　〈15分〉

- 金属の棒にろうを塗ることで、溶ける様子から熱の伝わる順番が分かり、見えない熱を視覚的に見えるようにする方法を子供に考える場を設定することが大切である。
- 子供が金属の棒を斜めにしたとき、金属の板など、多面的な方法で金属の温まり方を追究できるように、実験計画を考える。
- 実験方法を考え、交流する。

4 結果を見通す　〈10分〉

「自分の予想が正しければ、どのような結果になりそうですか」

- 自分の予想が確かな場合の結果を考える。
- 考えたことを伝え合い、結果の見通しをもつ。

第⑪時

金属の温まり方を調べる実験を行い、まとめる

本時のねらい
・金属を加熱して温まる様子を調べる活動を通して、金属は熱したところから順に温まることを理解できる。

本時の評価
・金属は熱せられた部分から順に温まることを理解している。知②

準備するもの
・金属の棒、板　　・ろう（示温テープや示温
・実験用スタンド　　インク）
・カセットコンロ
・濡れぞうきん
・るつぼばさみ

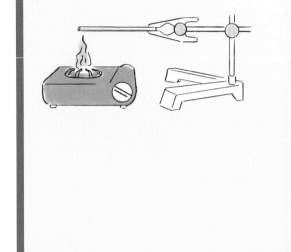

1 〔問題〕

金ぞくは、どのようにあたたまるのだろうか。

授業の流れ ▷▷▷

1 金属の温まり方を調べる〈20分〉

・金属の棒で納得いくまで十分に調べ、次に金属板で実験することが大切である。
・ろうが溶けたところと金属の温まり方の関係付けを実験前に再確認する。
・金属は熱くなっているので、実験中も実験後も完全に冷えるまでは直接手で触らないように指導する。取り扱う場合、るつぼばさみなどの金属で挟めるものを使用する。

2 結果を共有し、各自で考察する〈10分〉

・熱がどのように伝わっていくのか表現する際に「質的・実体的」な見方を働かせて、図に矢印や順番を表す数字で表現する方法も効果的である。

2 考察

- ろうは熱したところから順にとけていったよ。
- 金ぞくのぼうをななめにしても、熱したところから順に上と下へとけていったね。
- 金属の板は、熱したところから遠くのほうへ順に円が広がるようにろうはとけたよ。

3 結ろん

- 金ぞくは熱せられたところから順に遠くのほうへとあたたまっていく。

4

| **3** | 考察を発表し、結論を導きだす | 〈10分〉 |

「今日の実験を基に、金属はどのように温まると言えますか」

- 結果を整理して考えるために、実験で扱った金属の棒の温まり方から分かることをはじめに扱い、その後金属板の温まり方を話題にしていく。

| **4** | 本時の学習を生かし、別の条件での金属の温まり方を考える 〈5分〉 |

- 「金属は、熱したところから順に温まる」というきまりをもとに凹型の金属板を提示して、温まり方を考えることにより、問題解決の力の育成を図るとともに、金属の温まり方についての理解を深める。

第⑫時

空気の温まり方を予想し、実験計画を立てる

（本時のねらい）
・空気を加熱したときの温まり方に、興味・関心をもち、どのように温まるか予想をし、それを確かめる方法を考えることができる。

（本時の評価）
・空気の温まり方について、既習内容や生活経験を基に根拠のある予想や仮説を発想し、表現している。思①

（準備するもの）
・棒温度計
・ビーカー（500mL）
・アルミニウムはく
・線香
・インスタントかいろ
・わりばし
・大型水槽

1 振り返り

「ものの温度と体積」の学習では、金ぞく以外にも、空気や水について調べたよ。同じように、空気や水についても調べたいな。

問題

空気は、どのようにあたたまるのだろうか。

（授業の流れ）▷▷▷

1 問題を設定する 〈5分〉

・金属の板を提示し、教室内の空気と比較して、空気の温まり方に問題を焦点化していくことが大切である。

2 予想を立てる 〈10分〉

・金属の温まり方をふり返り、既習内容や生活経験を基に、空気の温まり方を具体的に予想する場を設定する。

「どうしてそう予想したのか、理由を教えてください」

・子供が「金属の時は熱したところから順に温まったから、空気も同じだと考えた」と既習内容を活用している場面が期待できる。

2 予想

金ぞくと同じあたたまり方

・金ぞくみたいに、熱せられたところから、順にあたたまっていくと思うよ。

金ぞくとちがうあたたまり方

・だんぼうしている部屋は、下のほうが上よりあたたかかったよ。
　だから、下から温まると思うよ。

⇩ 友達の考えを聞いて

3 予想

金ぞくと同じあたたまり方　　20人 → 16人
金ぞくとちがうあたたまり方　12人 → 16人

4 実験方法

・教室のいろいろな場所の空気の温度を調べよう。
　黒板の近く・後ろの黒板の近く・まど側・ろうか側・
　ゆかの近く・天井の近く
・空気の動きを線香のけむりで見ることができそうだね。

---

3 予想を発表し合い、
自分の予想を見直す　　〈15分〉

・友達の予想や理由を聞いて、納得したら、自分の予想を変えてよいことを伝える。友達の考えを参考にして、自分の考えを深めることの大切さを説明する。

「友達の考えを聞いた上で、自分の予想をどう考えますか。もう一度考えてみましょう」

4 実験方法を考える　　〈15分〉

・空気の温度変化を確かめる方法と空気の動きを調べる方法の目的が違うことを意識できるようにする。そのため、予想の何を確かめるために、その実験方法が必要かを順序立てて話し合うようにする。

・実際に実験器具を用いて、実験方法を考えることで、学習問題を解決するために調べる内容を子供がより実感できる。

第⑬時

空気の温まり方を調べる実験を行い、まとめる

本時のねらい

・空気を加熱している様子を調べる活動から、空気は熱せられた部分が移動し、次々に動きながらまずは上から温まり、そして全体が温まることを理解できる。

本時の評価

・空気は熱せられた部分が移動して、全体が温まることを理解している。知②
・実験器具を正しく使い、空気が温まる様子を確かめ、その結果を分かりやすく記録している。知④

準備するもの

・棒温度計　　　　　・わりばし
・ビーカー（500mL）・大型水槽
・アルミニウムはく　・白熱球
・線香
・インスタントかいろ

1 ▶ 問題

空気は、どのようにあたたまるのだろうか。

授業の流れ ▷▷▷

1 空気の温まり方を調べる〈20分〉

・空気の温度変化についてまずは演示実験で温度の変化をよく観察できるようにする。
・子供に線香のけむりの動きと空気の動きの関係付けを実験前に再確認する。

2 結果を共有し、各自で考察する〈10分〉

・前時の金属の温まり方と比較して考えるように指示する。
「空気の温まり方は、金属の温まり方と同じですか、それとも違いますか」
・熱がどのように伝わっていくのか表現する際には、図に矢印や順番を表す数字で表現する方法も効果的である。

2 考察

・だんぼうがついている部屋は、上の方の空気の 温度が下のほうの空気の温度よりも高くなっていたよ。
・線こうのけむりが上に動いていたから、あたためられた空気は上へ動いたんだね。
・空気のあたたまり方は金ぞくとはちがうね。

3 結ろん

・空気は熱せられたところからあたたまり、温度が高くなる。
・温度が高くなった空気が上のほうへ動き、全体があたたまっていく。

4

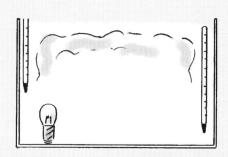

---

3 考察を発表し、結論を導きだす 〈10分〉

「今日の実験を基に、空気はどのように温まると言えますか」

・結果を整理して考えるために、空気の温度変化、空気の移動の結果を順に整理し、温めたところ、温度変化、空気の移動の三要素を関係付けて考えることができるようにする。

4 本時の学習を生かし、ビーカーより大きい水槽での空気の温まり方を考える 〈5分〉

・水槽の中に温度計を設置し、温度の違いを数値で確認する。
・水槽が大きく、空気の体積も大きくなるため、上と下で温度差が大きくなることに注意する。

第⑭時

水の温まり方を予想し、実験計画を立てる

（本時のねらい）
・水を加熱したときの温まり方に、興味・関心をもち、どのように温まるか予想をし、それを確かめる方法を考えることができる。

（本時の評価）
・水の温まり方と加熱する場所とを関係付けて予想し、実験方法を考えている。思①

（準備するもの）
・ビーカー
・示温インク
・絵の具
・カセットコンロ
・濡れぞうきん

1 ふり返り

金ぞくと空気では、あたたまり方にちがいがあったよ。水はどのようにあたたまるのか調べたいな。

問題

水は、どのように
あたたまるのだろうか。

（授業の流れ）▷▷▷

1 問題を設定する　〈5分〉

・金属や空気の実験と比較して、水の温まり方に問題を焦点化していくことが大切である。

2 予想を立てる　〈10分〉

・金属と空気の温まり方をふり返り、既習内容やや生活経験を基に、水の温まり方を具体的に予想する場を設定する。

「どうしてそう予想したのか、理由を教えてください」

・ワークシートに数字で温まる順番や熱の移動を矢印で表すなど、子供の思考が可視化できるように工夫する。

2 | 予想

金ぞくと同じあたたまり方
・水は、金ぞくと同じように、熱せられたところから、順にあたたまって
　いくと思うよ。
空気と同じあたたまり方
・水は、空気と同じように形を変えられるから、動いて、上のほうが
　あたたまると思うよ。
金属や空気とはちがうあたたまり方
・水は金ぞくでもないし、空気でもないから、とくべつなあたたまり方
　をすると思うよ。

⬇ 友達の考えを聞いて

3 | 予想

金ぞくと同じあたたまり方　　　　8人　→　6人
空気と同じあたたまり方　　　　14人　→　15人
金属や空気とはちがうあたたまり方　10人　→　11人

4 | 実験方法

・水が温まっているようすや水の動きは、
　どのように調べたらいいのかな。
・絵の具を入れた水を熱して、絵の具が
　動けば、水の動きを見ることができそうだね。

---

3 予想を発表し合い、
　　自分の予想を見直す　〈10分〉

・友達の予想や理由を聞いて、納得したら、自
　分の予想を変えてよいことを伝える。友達の
　考えを参考にして、自分の考えを深めること
　の大切さを説明する。
「友達の考えを聞いた上で、自分の予想をどう
　考えますか。もう一度考えてみましょう」

4 実験方法を考える　〈20分〉

・温めることによる温度変化を確かめる方法
　と、水の動きを調べる方法とは、調べる目的
　が違うことを意識できるようにする。そのた
　め、予想の何を確かめるために、どんな実験
　方法が必要なのか、順序立てて話し合うこと
　が大切である。

第⑮時

水の温まり方を実験で確かめ、まとめる

本時のねらい

・水を加熱して温まる様子を調べる活動から、水は熱せられた部分が移動し、次々に動きながらまずは上の方が温まり、そして全体が温まることを理解することができる。

本時の評価

・水は熱せられた部分が移動して全体が温まることを理解している。知②

準備するもの

・試験管、ビーカー ・カセットコンロ
・示温インク ・濡れぞうきん
・絵の具 ・実験用スタンド
・示温テープ
・温度計

1 問題

水は、どのように
あたたまるのだろうか

授業の流れ ▷▷▷

1 水の温度変化を調べる 〈15分〉

・絵の具は、水の動きと一緒に動いており、目に見えない水の動きを、視覚的に捉えることができるものに置き換えていることを伝える。

＊加熱したものや使った器具は熱くなるので、冷えるまで触らない。

2 結果を共有し、各自で考察する 〈10分〉

・空気の温まり方を学習しているので、実験結果を基に考えをまとめやすい。

・熱がどのように伝わっていくのか表現する際には、図に矢印や順番を表す数字で表現する方法も効果的である。

考察

・絵の具の動きは水の動きを表しているから、あたためられた水は上へ動いたんだね。

・水は、金ぞくと同じようにあたたまると予想したよ。でも、予想とちがって、上の方からあたたまったよ。

3 **結ろん**

・水は熱せられたところからあたたまり、温度が高くなる。

・温度が高くなった水が上のほうへ動き、全体があたたまっていく。

4

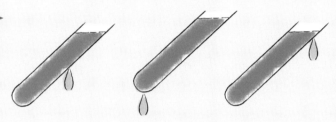

3 考察を発表し、結論を導きだす 〈10分〉

・子供の考察を整理して考えることができるよう、水の温度変化、水の移動の結果の順に整理し、温めたところ、温度変化、水の移動の三者を関係付けるようにする。

「水はどのように温まりますか」

4 試験管の中の水がどのように温まるか考える 〈10分〉

・試験管内の水は示温インクや示温テープで調べることができる。ただし、示温テープは変色する温度が決まっているので、温度計と役割が異なる。この実験では、示温テープの変色域は50℃のものが使いやすい。

・試験管上部を温めても、試験管下部の水はほとんど元の水温であるため、加熱後に手で触ってみることができる。

第⑯時

金属、水、空気の温まり方についてまとめる

（本時のねらい）
・金属は熱せられた分から温まり、水や空気は熱せられた部分が移動して上から全体が温まることをまとめることができる。

（本時の評価）
・金属、水及び空気の温まり方について学んだことを学習や生活に生かそうとしている。
態②

（準備するもの）
・フライパン
・身の回りの例の写真やイラスト

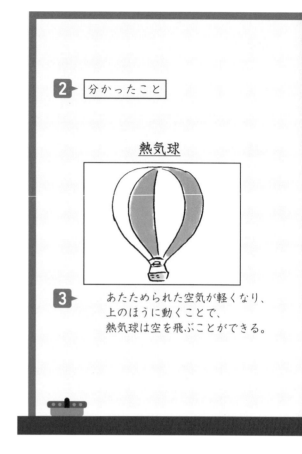

2　分かったこと

熱気球

3　あたためられた空気が軽くなり、上のほうに動くことで、熱気球は空を飛ぶことができる。

（授業の流れ）▷▷▷

1　これまでの学習を振り返り、めあてを確認する　〈5分〉

・これまでの単元で学習した内容を振り返る。
「金属や空気、水はどのように温まりましたか」
・物の温まり方が利用されているものを予想する。
「物の温まり方で学習したことは、身の回りのどのようなところで利用されていると思いますか」

2　空気や水、金属の温まり方を利用した物や現象を調べる〈20分〉

・物の温まり方を利用した物や現象を、子供がインターネットや本で調べたり、実際に実験に取り組んだりする。
・身の回りの生活と学習したことを結び付ける指導が大切である。なかなか子供が思いつかない場合は、教師から具体的な事例を紹介し、物の温まり方と関係付けて考えることも大切である。

もののあたたまり方で学習したことが、身の回りの
どのようなところで利用されているか調べよう。

バスや電車　　　　　おふろ　　　　　フライパンの取っ手

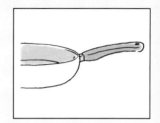

バスや電車に取り付けられている
だんぼう器具はいすの下にある。
それは、あたためられた空気は
上へ動くから。逆に、れいぼう
器具は天井にある。それは、
冷たい空気は下へ動くから。

おいだきは、おふろの下に
ついている。あたためられた
水は上のほうへ動き、
上のほうにある温度の低い水が
下がる。
そして、全体があたたまる。

金ぞくでできている
フライパンはすぐに
あたたまるので、取っ手を
プラスチックなどに
することで、やけどを防ぐ。

3 物の温まり方がどのように利用さ
れているかまとめる　　　〈10分〉

・調べたものの中から1つ選び、物の温まり
　方がどのように利用されているかまとめる。
「調べたものは、物の温まり方がどのように利
用されているかまとめましょう」

4 それぞれがまとめたことをもち寄っ
て、全員の考えをまとめる〈10分〉

「物の温まり方がどのように利用されているか
まとめたことを説明しましょう」

第⑰／⑱時

水を熱したり冷やしたりする活動を通して、問題を見いだす

（本時のねらい）

・水を熱したり、冷やしたりしたときの気付きを基にして、水の状態変化における問題を見いだし、自分の考えを表現することができる。

（本時の評価）

・水を熱したり、冷やしたりした際の気付きを基にしながら、水の状態変化について問題を見いだし、表現している。（思①）

（準備するもの）

・ビーカー（200mL、500mL）
・ガスコンロ
・氷
・温度計

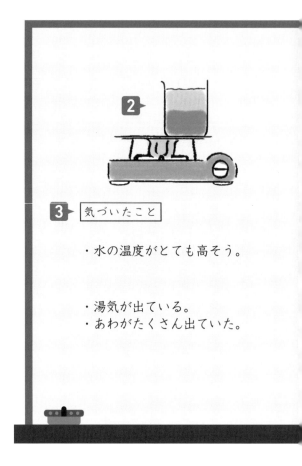

（授業の流れ）▷▷▷

1 水を熱したときや冷やしたときの様子を話し合う 〈15分〉

・「ものの温度と体積」「ものの温まり方」など既存の学習内容や生活経験を基に、意見を発表するように指示する。

「水を熱したり、冷やしたりしたときに、気付いたことは何かありますか」

2 水を熱したり、冷やしたりする 〈30分〉

・子供は氷が溶ける様子を見たことがあっても、水が凍っていく様子を観察したことがある子供は少ない。そこで、氷の観察から、水がどのように氷に変化するのか問いかけ、予想を考えるきっかけとなる。

1 めあて 水を熱したり、冷やしたりして、
気づいたことから学習問題をつくろう。

温度
・温度は低い。
・何度くらいで氷になるか。

水のようす
・氷はどんどんとけて水になった。
・水はどうやって氷になるか。

4 問題 水を冷やし続けると、
水の温度とようすはどのようになるのだろうか。

3 実験をして、気付いたことを
まとめる　　　　　　〈25分〉

・まず、個人で気付いたことをまとめる時間を
必ず確保する。
「活動して気付いたことを個人でまとめましょ
う」
・次に、班で各自の気付きを共有し、「水の様
子」、「水の温度」など内容ごとに分類する。
「班で一人一人の気付いたことを分類しながら
まとめましょう」

4 気付いたことを発表し合い、
問題を見いだす　　　　〈20分〉

「気付いたことから、どんなことを詳しく調べ
ていきたいですか」
・各班の発表を基に、学習問題や調べたいこと
を話し合う。

第⑲時

水を冷やしたときの変化の様子を予想し、実験計画を立てる

本時のねらい
・水を冷やし続けたときの変化に興味・関心を
もち、変化の様子について予想し、実験方法
を考えることができる。

本時の評価
・水を冷やし続けたときの様子に興味をもち、
水の温度と状態変化との関係に着目して予想
し、実験方法を考えている。（思①）

準備するもの
・ビーカー（500mL）　・氷
・試験管　　　　　　・食塩
・温度計　　　　　　・ボール
・ストロー　　　　　・ストップウオッチ
・アルミニウムはく

1 問題 ｜ 水を冷やし続け

2 予想

温度
・温度は下がり続ける。
・温度は0度までしか下がらない。

水の様子
・水の温度が下がり、氷になる。
・れいとうこでようきの氷が
もり上がっているのを見たから、
氷になると体積が大きくなる。

授業の流れ ▷▷▷

1 問題を確認する 〈5分〉

「水を冷やし続けると、どのように氷に変わっ
ていくのでしょうか」
日常生活では、冷凍庫で氷が作られる様子を目
にする機会はないので、氷に変わっていく様子
を観察したいという意欲を引き出すようにす
る。

2 予想を立てる 〈10分〉

・予想を立てる際には、既習経験や日常経験を
もとに考えるようにし、水の温度や様子の変
化などを調べる観点に気付くことができるよ
うにする。
「どうしてそう予想したのか、理由を教えてく
ださい」
・体積の変化は、気付きにくいことが多い。既
習の内容から考えていけるようにする。

ると、水の温度と様子はどのようになるのだろうか。

3 予想

温度
・温度は下がり続ける。　　　　　　15名　→　18名
・温度は0度までしか下がらない。　17名　→　14名

友達の考えを聞いて ⟹

水のようす
・他の人の予想を聞き、水はいっしゅんで氷になると
　思ったけれど、少しずつ水から氷に変わると思う。

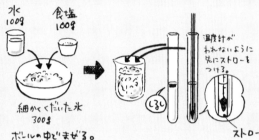

水
100g

食塩
100g

温度計が
われないように
先にストローを
つける。

しるし

ストロー

細かくくだいた氷
300g

ボールの中でまぜる。

4 実験方法

・水を、どんどん冷やしていく。
・体積の変化を調べるため、印をつける。
・時間を記録し、温度や水の変化を記録する。
・温度の変化は、グラフにしてまとめると分かりやすい。

---

3 予想を発表し合い、
自分の予想を見直す　〈10分〉

・友達の予想や理由を聞いて、納得したら、自
　分の予想を変えてよいことを伝える。友達の
　考えを参考にして、自分の考えを深めること
　の大切さを説明する。

「友達の考えを聞いた上で、自分の予想をどう
考えますか。もう一度考えてみましょう」

4 実験方法を考える　〈20分〉

・実験方法を考える際には、まず調べる観点を
　明確にし、道具を具体的に準備できるように
　する。
・実験結果を記録する表も、子供が作成する
　か、ワークシートを準備しておくとよい。
・子供は負の数の概念は未学習で理解できてい
　ない。0℃より低い温度の読み方とかき方
　を丁寧に指導する。

第⑳時

水を冷やしたときの変化の様子を観察し、まとめる

本時のねらい

・水を冷やし続けたときの水の様子と温度体積の変化を調べる実験を行い、まとめることができる。

本時の評価

・水は、温度によって氷に変わることや水が氷になると体積が増えることを理解している。
知③

準備するもの

・ビーカー（500mL）　・氷
・試験管　　　　　　・食塩
・温度計　　　　　　・ボール
・ストロー　　　　　・ストップウオッチ
・アルミニウムはく

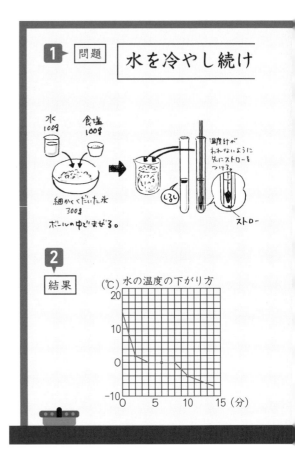

授業の流れ ▷▷▷

1 水を冷やす実験をする 〈20分〉

＊寒剤により、ビーカーの周りの温度は−20℃近くまで低下する。手で触り続けると凍傷になる危険性があるので、事前に安全指導を行う。

・子供が温度計を取り出したり、試験管を持ち上げたりするので、過冷却になることは少ないが、寒剤の量と試験管の水量によっては過冷却になる場合があるので、注意する。

2 結果を基にグラフをつくる 〈10分〉

・グラフの縦軸で零下の温度の目盛りの取り方は未学習であることを踏まえて指導に当たる。

・これまでの学習経験を生かし、折れ線グラフの作成では、子供の工夫を見取り、学んだことを使える喜びを高めたい。

・体積の変化については、気付きにくいことが多い。既習内容から考えていけるようにする。

ると、水の温度とようすはどのようになるのだろうか。

3 考察

温度
・どの班も、0℃になると温度が下がらなくなった。
・こおり終わるまで、温度が変わらなかった。

水のようす
・氷になると、印よりも体積が大きくなった。

4 結ろん

・水は温度が下がり0℃になると、こおり始める。
・水はこおり始めてから、全部の水が氷になるまで、温度は0℃のまま変わらない。
・全部の水が氷になると、温度はさらに下がる。
・水が氷になると、体積が大きくなる。

3 結果やグラフから、各自で考察する　〈10分〉

「実験結果やグラフから、水を冷やし続けると水の温度と様子はどのようになるか個人でまとめましょう」

4 考察を発表し、結論を導きだす　〈5分〉

・実験結果を整理して話し合う場合には、各班が作成したグラフを大型モニタに映し出し、話し合いの根拠となるようにする。
・深い学びが実現できるよう、「質的・実体的」な見方を働かせた考察、「水の温度と様子を関係付ける考え方」に基づく考察をしている表現を取り上げ、価値付ける。

第㉑時

水を熱したときの変化の様子を予想し、実験計画を立てる

本時のねらい
・水を熱し続けたときの変化に興味・関心をもち、変化の様子について予想し、実験方法を考えることができる。

本時の評価
・水を熱し続けたときの様子について、水の温度と状態変化との関係に着目し、既習の内容や生活経験を基に、根拠のある予想や仮説を発想し、表現している。思①

準備するもの
・ポット
・ビーカー（500mL）
・温度計
・沸騰石
・カセットコンロ
・実験用スタンド
・濡れぞうきん
・アルミニウム箔
・ストップウオッチ

---

1 ふり返り
・水を冷やし続けたときの様子が分かったから、次は水を熱し続けて調べてみたい。

問題

水を熱し続けると、水の温度と様子はどのようになるのだろうか。

授業の流れ ▷▷▷

1 問題を設定する 〈5分〉

・水を熱したときの体積変化と水の温まり方については学習している。そこで、そのまま温め続けたらどんな変化があるのか、既習の内容と生活経験を想起しながら、何を明らかにしていきたいのか問題を焦点化していくことが大切である。

2 予想を立てる 〈10分〉

・予想を立てる際には、既習の内容や生活経験を基に考えるようにし、水の温度や体積の変化などを調べる観点に気付くことができるようにする。
「どうしてそう予想したのか、理由を教えてください」

---

2 予想

<u>温度</u>
・あたためると、温度は上がりつづける。
・水の温度は上がるけど、と中で温度は上がらなくなる。

<u>水のようす</u>
・水は、あたためると湯気が出てくる。

<u>ビーカーの中や周辺</u>
・ビーカーの中の水はへる。
・水の中からたくさんのあわが出てくる。

友達の考えを聞いて

3 予想

・みんなの考えを聞いて、水はあたため続けると温度が上がり続けると思ったけれど、
　水はあたためても100℃くらいまでしか温度は上がらないに予想を変えました。

4 実験方法

・水を冷やし続けたときと同じように、
　温度をはかりながら熱すればよい。
・時間を記録し、温度や水の変化を
　記録すればよい。
・温度の変化は、前回と同じように
　グラフにしてまとめると分かりやすい。

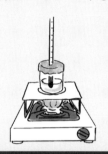

---

3 予想を発表し合い、
自分の予想を見直す　　〈10分〉

・友達の予想や理由を聞いて、納得したら、自
　分の予想を変えてよいことを伝える。友達の
　考えを参考にして、自分の考えを深めること
　の大切さを説明する。

「友達の考えを聞いた上で、自分の予想をどう
考えますか。もう一度考えてみましょう」

---

4 実験方法を考える　　〈20分〉

・実験方法を考える際には、まず調べる観点を
　明確にし、道具を具体的に準備できるように
　する。

＊加熱を続けると、急に泡立ち、吹き出すこと
　があるので、必ず沸騰石を使用する。

・実験結果を記録する表も、子供が作成する
　か、ワークシートを準備しておくとよい。

第㉒時

水を熱したときの変化の様子を観察し、まとめる

本時のねらい
・水を熱し続けたときの温度変化と水の様子の変化を調べることができる。

本時の評価
・実験器具を正しく使い、水を熱したときの温度の変化を確かめ、その結果を分かりやすく記録している。知④

準備するもの
・ポット　　　　　　　・実験用スタンド
・丸底フラスコ（300mL）・濡れぞうきん
・温度計と温度計をつるす針金
・沸騰石
・カセットコンロ

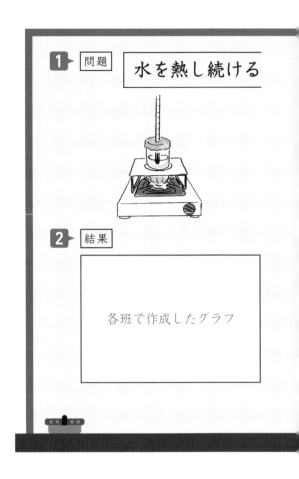

1 問題　水を熱し続ける

2 結果

各班で作成したグラフ

授業の流れ ▷▷▷

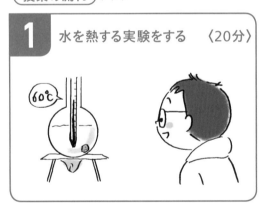

1 水を熱する実験をする　〈20分〉

・実験は立って行う。
・以下のポイントが観察できているか、机間指導を行う。
　①湯気が出ている。
　②水底から大粒の泡が上っている。
　③水が沸騰し、温度があまり変化しなくなる。

2 結果を基にグラフをつくる　〈10分〉

・折れ線グラフを作る際には、子供の学習状況に応じ、罫線だけが記入された用紙を配付したり、縦横の軸をあらかじめ作成したワークシートを配付したりするなどの工夫をする。

と、水の温度と様子はどのようになるのだろうか。

3 考察

温度
・熱し始めると温度が上がり続けた。
・100℃近くであわがたくさん出ているとき、温度は変わらない。

水のようす
・印より、水面が下がった。
・水の中から、あわがたくさん出ていた。

4 結ろん

・水は温度が上がり100℃くらいになると、水の中からあわがさかんに出る。
・さかんに水の中からあわが出ているときは、温度は変わらない。
・熱した水からさかんにあわが出るじょうたいを、ふっとうという。

3 結果やグラフから、各自で考察する 〈10分〉

「実験結果やグラフから、水を熱し続けると水の温度と様子はどのようになるか個人でまとめましょう」
・グラフから読み取れることと水の様子の実験結果とを整理して考えることができるようにする。

4 考察を発表し、結論を導きだす 〈5分〉

・実験結果を整理して話し合う場合には、各班が作成したグラフを大型モニタに映し出し、話し合いの根拠となるようにする。
・深い学びが実現できるよう、「質的・実体的」な見方を働かせた考察、水の温度と様子を「関係付け」という考え方を働かせて考察している表現を取り上げ、価値付ける。

第㉓時

湯気や泡の正体を予想し、調べる方法を考える

（本時のねらい）
・水を熱したときに出てくる湯気と泡の正体を予想することができる。

（本時の評価）
・水が水蒸気に変わる状態変化を温度と関係付けて考え、湯気と泡の正体について予想している。思①

（準備するもの）
・ビーカー（500mL）　　・ぬれぞうきん
・沸騰石　　　　　　　　・かくはん棒
・実験用ガスコンロ　　　・ゴム栓
・金網　　　　　　　　　・実験用スタンド
・アルミニウムはく　　　・ろうと
・ビニル袋　　　　　　　・ビニル付き針金

1 ｜ ふり返り
・水を熱していたときにたくさんの湯気やあわが出ていたけど、その正体は何だろうか。

問題

水がふっとうしているときに出てくる湯気やあわの正体は何だろうか。

（授業の流れ）▷▷▷

1 問題を見いだす　〈5分〉

・前時に分かったことと、疑問に思ったことから授業を展開する。次の予想の根拠となる水の体積が減ったことも大切である。
「前の実験で水を熱したときに出てきた、湯気と泡の正体は何ですか」

2 湯気や泡の正体を予想する　〈10分〉

・泡の正体に関しての予想は空気か水かのどちらかに分かれることが多い。結果は物質の名前は「水」で、その状態が「気体」であるため、どちらにもそう考える理由をよく聞いておく必要がある。

2 予想

湯気の正体
・水を熱したときに出ていた。だから、正体は水だと思う。

あわの正体
・あわは白くないから、水ではないと思う。
　だから、あわの正体は空気。
・あわの正体は水である。

↓ 友達の考えを聞いて

3 予想

湯気の正体　　水　　　　19人　→　15人
　　　　　　　水いがい　13人　→　17人

あわの正体　　空気　　　　4人　→　　2人
　　　　　　　水　　　　28人　→　30人

4 実験方法

・湯気やあわをつかまえれば、正体が分かる。
・水を熱して、あわをふくろの中に集めることができそう。

---

3 予想を発表し合い、自分の予想を見直す　〈10分〉

・友達の予想や理由を聞いて、納得したら、自分の予想を変えてよいことを伝える。友達の考えを参考にして、自分の考えを深めることの大切さを説明する。

「友達の考えを聞いた上で、自分の予想をどう考えますか。もう一度考えてみましょう」

4 実験方法を考える　〈20分〉

・湯気の正体を確かめる方法は考えやすいが、泡をどのように捕集するのかという方法は考えにくい。そこで、どのようにしたら安全に泡を捕集できるかは、教師が安全な方法を教える必要がある。

第㉔時

湯気や泡の正体を調べる実験をして、水の変化についてまとめる

（本時のねらい）
・水を熱したときに出てくる湯気と泡を調べ、湯気は液体の水であり、泡は気体の水蒸気であることを理解することができる。

（本時の評価）
・水は、温度によって水蒸気に変わることや、湯気と泡の正体について理解している。知③

（準備するもの）
・ビーカー（500mL）　・ぬれぞうきん
・沸騰石　　　　　　　・かくはん棒
・実験用ガスコンロ　　・ゴム栓
・金網　　　　　　　　・実験用スタンド
・アルミニウムはく　　・ろうと
・ビニル袋　　　　　　・ビニル付き針金
・試験管

問題

水がふっとうしているときに出てくる湯気やあわの正体は何だろうか。

1⯈

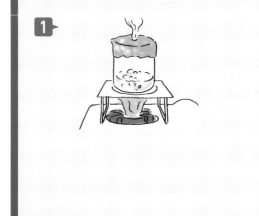

（授業の流れ）▷▷▷

1 湯気の正体を調べる　〈15分〉

・予想を基に実験方法を考える際には、「湯気が水だとしたらどうなるか」と子供に具体的に結果の見通しをもつことができるようにする。

＊湯気や水滴は60℃を超える高温になっているので、手で直接触ってやけどをしないように安全指導する。

2 泡の正体を調べる　〈15分〉

＊シリコンチューブやビニル袋は熱くなるので実験用スタンドなどを適切に用いて器具を準備し、実験後はすぐに手で触れないように安全指導を行う。

3 考察

湯気
・湯気の近くにからの試験管を近づけると、
　試験管に水てきがついた。
・ビーカーの中にからの試験管を入れると、
　試験管に水がついた。

あわ
・あわを袋に集めると、ふくろの内側に
　水滴が付いた。

2
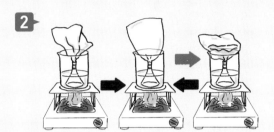

4 結論

・水があたためられて、目に見えないすがたに変わったものを水じょう気という。
・湯気は、水じょう気が冷やされて小さな粒になったものである。
・ふっとうしている水の中から、出てくるあわは冷えると水になる。

3 結果をもとに湯気と泡の正体について個人でまとめる　〈10分〉

4 考察を発表し、結論を導きだす　〈5分〉

・液体の水が温度によって姿が変わることを確に捉えるために、水、湯気、水蒸気、液体、気体などの言葉が出てくる。温めたときの水の様子を図に示す中で、泡、湯気の正体を実験結果から、子供が考えられるようにする。

・水面から湯気として見えるまでの間の水蒸気の存在についても捉えたい。
・深い学びが実現できるよう、「質的・実体的」な見方を働かせた考察を取り上げ、価値付ける。

第 ㉕ 時

水の3つの姿について
まとめる

本時のねらい
・水は温度によって固体の氷、液体の水、気体の水蒸気に姿が変わることを考察することができる。

本時の評価
・水は温度によって水蒸気や氷に変わることについて、実験結果を基に考察し、表現している。思②
・水の性質や状態変化について学んだことを学習や生活に生かそうとしている。態②

準備するもの
・やかん（笛付き）
・水道管保温材
・ペットボトル

1 これまでの学習でわかったこと

温度による水の変化

氷	水	水蒸気

← 冷やす　熱する →

固体　　　液体　　　気体

授業の流れ ▷▷▷

1 これまでの学習を基に、温度と水の姿をまとめる 〈10分〉

「水を熱したときや冷やしたときにどのような変化が起きましたか」
・温度による水の変化をまとめる際には、氷、水、水蒸気、固体、液体、気体などの言葉を適切に用いてまとめることができるようにする。

2 水が姿を変えることを利用した物や現象を調べる 〈20分〉

・水が姿を変えることが役立っているものについて、子供がインターネットや本で調べたり、実際に実験に取り組んだりする。
・身の回りの生活と学習したことを結び付ける指導が大切である。なかなか子供が思いつかない場合は、教師から具体的な事例を紹介し、状態変化と関係付けて考えることも大切である。

| めあて | すがたを変える水で学習したことが、身の回りの
どのようなところで役立っているか調べよう。 |

2

やかん　　　　　　水道管保温材　　　　ペットボトル

3

やかんの中の水を温めると
水蒸気に変わり、水蒸気が
ふえのあなをいきおいよく
通ることで、音が鳴る。

水道管の中の水が凍ると、
体積が増えて水道管が
はれつしてしまうので、
保温材をまく

ペットボトルを凍らせると、
中の水が氷に変わり体積が
ふえるので、危険。

3 水が姿を変えることがどのように
利用されているかまとめる〈10分〉

・調べたものの中から1つ選び、物の温まり
方がどのように利用されているかまとめる。
「調べたものは、物の温まり方がどのように利
用されているかまとめましょう」

4 それぞれがまとめたことを基に、
全員の考えをまとめる　　〈5分〉

「ものの温まり方がどのように利用されている
かまとめたことを説明しましょう」

3 電流の働き A(3) 7時間扱い

単元の目標

　電流の大きさや向き、乾電池につないだ物の様子に着目して、それらを関係付けて、電流の働きを調べる活動を通して、それらについての理解を図り、観察、実験などに関する技能を身に付けるとともに、主に既習の内容や生活経験を基に、根拠のある予想や仮説を発想する力や主体的に問題解決しようとする態度を育成する。

評価規準

知識・技能	思考・判断・表現	主体的に学習に取り組む態度
①乾電池の数やつなぎ方を変えると、電流の大きさや向きが変わり、豆電球の明るさやモーターの回り方が変わることを理解している。 ②電流の働きについて、器具や機器などを正しく扱いながら調べ、それらの過程や得られた結果を分かりやすく記録している。	①電流の働きについて、既習の内容や生活経験を基に、根拠のある予想や仮説を発想し、表現するなどして問題解決している。 ②電流の働きについて、観察、実験などを行い、得られた結果を基に考察し、表現するなどして問題解決している。	①電流の働きについての事物・現象に進んで関わり、他者と関わりながら問題解決しようとしている。 ②電流の働きについて学んだことを学習や生活に生かそうとしている。

単元の概要

　第1次では、モーターカーを走らせる活動を通して、電流には向きがあり、乾電池の向きを変えることによって回路に流れる電流の向きも変わることを理解する。

　第2次では、乾電池2個を使ってモーターカーを走らせる活動を通して、乾電池の数やつなぎ方を変えることによって、回路に流れる電流の大きさが変わり、回路につないだ物の働き方も変わることを捉える。

　第3次では、本単元のまとめとして、これまでに学んだことが生活の中でどのように生かされているかについて考えることによって、学びに向かう力のさらなる高まりを求めていくようにする。

(1)本単元で働かせる「見方・考え方」

本単元は、「エネルギー」を柱とする領域である。問題解決の場面においては、「電流の向きと大きさ」「回路につないだ物の働き」の関係について、主に「量的・関係的」な見方を働かせながら事物・現象の関係を捉えられるよう留意する。例えば、子供が「量的・関係的」な見方を働かせることで、「乾電池を2個にするとモーターが速く回るのではないか」と考えることが想定される。また、乾電池の数やつなぎ方と電流の大きさや向きの変化について、比較、関係付け、条件制御、多面的に考えることなどの、問題解決過程の中で用いる考え方を通して整理していけるようにする。

(2)本単元における「主体的・対話的で深い学び」

第4学年では、問題解決の力として、主に予想や仮説を基に、「根拠のある予想や仮説を発想する力」の育成を重視している。根拠のある予想や仮説をもつことは、子供たちが観察や実験の結果に見通しをもち、問題意識を継続しながら学習を進めていくことにつながっていく。本単元では、予想や仮説を立てる際には、乾電池のつなぎ方、検流計の数値など、どのような事実を根拠とした表現であるかを明らかにすることを重視する。実験や観察によって得られた「事実」に寄り添いながら問題解決を進める学習を習慣化することで、現象を裏付ける要因を互いに吟味し、検証し合おうとする学習集団が形成され、主体的・対話的で深い学びの実現に向かうと考える。

指導計画（全7時間）　詳細の指導計画は 💿 03-01参照

次	時	主な学習活動	評価
1	1・2	○乾電池とモーターを用いて回路をつくり、モーターカーを走らせる。 **実験1** 乾電池の向きを変えて、モーターの回る向きを調べる。 **実験2** 乾電池の向きを変えて、検流計の振れる向きを調べる。 ○実験結果を基に、乾電池の向きと回路に流れる電流の向きの関係について考え、発表する。	(知①) 思①
2	3	○乾電池2個をモーターにつないで、モーターカーを走らせる。（自由試行）	知①（思②）
	4・5	○乾電池の直列つなぎと並列つなぎについて学習する。 **実験1** 2個の乾電池を直列つなぎにしたときの、モーターの回る速さを調べる。 **実験2** 2個の乾電池を並列つなぎにしたときの、モーターの回る速さを調べる。	知①・思②
	6	**実験3** 乾電池1個、直列つなぎ、並列つなぎについて、モーターの回る速さと回路に流れる電流の大きさの関係について比較しながら調べる。 ○実験結果を基に、乾電池の数やつなぎ方と、回路に流れる電流の働きの関係について考え、発表する。	知②・思②
3	7	○身の回りで乾電池が使われている例について調べる。 ○本単元の学習と生活との関連について考え、新しく知りたいと思ったことなどを話し合う。	態①・態②

第①／②時

モーターの回る向きには電流の向きが関係していることを捉える

・乾電池にモーターをつなぎ、モーターカーを走らせる活動を通して、モーターカーの走る方向が変わるのは、回路に流れる電流の向きが関係していることを捉えることができる。

（本時の評価）
・自由試行による気付きや、簡易検流計の針の振れ方を調べる実験を基にしながら、根拠のある予想を発想し、表現している。思①
・モーターの回る向きと電流の向きの関係について理解している。(知①)

（準備するもの）
・乾電池（単三電池1個）
・乾電池ホルダー　1個
・簡易検流計　　・モーター、導線
・モーターカーの部品（プラバン、タイヤ、車軸など）

2 モーターカーを走らせてみて、気が付いたことを話し合おう。

・回路が1つの輪のようにつながっているとき、モーターカーが走った。

・かん電池とどう線がうまくつながっていないときには、モーターカーは走らなかった。

・ときどき、モーターカーが後ろ向きに進むことがあった。
　→前に進むときとくらべると、モーターの回る向きが反対になっていた。

（授業の流れ）▷▷▷

1 第3学年の「回路」の学習を想起しながらモーターカーを作る　〈20分〉

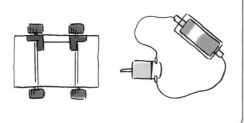

・第3学年の「電気の通り道」の学習を想起しながら制作を進める。
・モーターが回らないときには、導線と乾電池、モーターがきちんと接触しているかどうかなど、回路に流れる電流の通り道が確保できているかどうか確認するようにする。

2 モーターカーを自由に走らせ、気付いたことを記録し、話し合う〈25分〉

あれっ？　後ろに走ったよ。どうしてかな？

ぼくのは前に走るよ。何がちがうのかな？

・モーターカーが走った時のつなぎ方を確認し、記録する。その際、後ろ向きに進んだ場合についても、つなぎ方を確認し、その原因について予想したことを話し合う。
・モーターカーが後ろ向きに走ったときに、モーターの回転方向が違うことを確認しておく。
「モーターカーが進む向きと乾電池のつなぎ方にはどんな関係があるのかな？」

3 問題 | モーターの回る向きは、何によって変わるのだろうか。

モーターカーが前に進んだとき

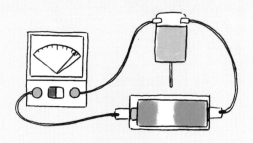

モーターカーが後ろに進んだとき

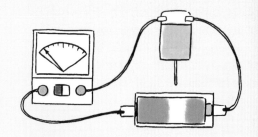

4 考察

　回路につないだかん電池の向きが反対になるとモーターの回る向きも反対になっている。
→けん流計のはりの振れ方から、電流の向きが反対になっていることがわかる。

結ろん

・回路を流れる電流には向きがあり、それはかん電池のつなぎ方によって変わる。
・電流の向きが変わるとモーターの回る向きも反対になる。

---

3 電池の向きを変えたときの
電流の向きを調べる　〈25分〉

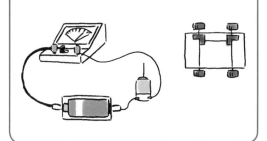

・まず、簡易検流計の使い方について学習する。
・ワークシートを活用し、回路につないだ乾電池の向きと、簡易検流計の針のふれる向きとの関係を、視覚的に確認する。
「モーターの回る向きと、回路に流れる電流の向きにどんなちがいがあるかな？」

4 本時のまとめを行い、
新たな問題を見いだす　〈20分〉

モーターの回る向きは、回路に流れる電流の向きと関係しているんだな。

モーターカーをもっと速く走らせることはできないかな？

・「原因と結果」の見方を働かせながら、乾電池の向きとモーターの回る向き、回路に流れる電流の向きという3つの要素を順に整理する。
・全体交流を通して、回路を流れる電流には向きがあり、それは乾電池のつなぎ方によって変わることや、電流の向きが変わると、モーターの回る向きも反対になることを捉える。

第③時

自由試行を行い、モーターカーを速く走らせる方法について考える

本時のねらい

・自由試行を行い、乾電池のつなぎ方を変えながらモーターカーを走らせる活動を通して、モーターカーをより速く走らせるための乾電池のつなぎ方について、自分なりの考えをもつことができる。

本時の評価

・乾電池の数とつなぎ方を変えると、モーターカーの速さが変わることを理解している。知①
・実験結果を基に考察し、表現している。（思②）

準備するもの

・乾電池（単三電池2個）
・乾電池ホルダー　2個
・モーター　・導線
・モーターカーの部品
　（プラバン、タイヤ、車軸など）

・モーターカーが走ってうれしかった。
・反対向きに進むこともあった。
　→かん電池のつなぎ方（回路に流れる電流の向き）が反対になっていた。

・思っていたよりも速く走らなかった。
・友だちのモーターカーのほうが速かった。
　→もっと速く走らせたい。

授業の流れ ▷▷▷

1 モーターカーをもっと速く走らせる方法について考える 〈5分〉

乾電池の数を増やしたら、モーターカーはもっと速く走るかもしれない。

・乾電池の数やつなぎ方をどのように変えると、モーターの働きが大きくなるのかを考え、交流する。
・乾電池を2個にするとモーターカーが速く走るはずだという素朴な思いの表出に対しては、乾電池の個数と回路に流れる電流の大きさを関係付けられるように助言する。

2 モーターカーが速く走るときの乾電池のつなぎ方について予想する 〈15分〉

「モーターカーがもっと速く走るような、乾電池のつなぎ方があるのかな？」

・自分なりに自由につなぎ方を考えてワークシートに書く。また、そう考えた理由について交流し、考えを深める。
・1つの方法だけではなく、いくつかのつなぎ方について考えてみるよう促す。

2 問題 かん電池をどんなふうにつなぐと、モーターカーは、もっと速く走るようになるのだろうか。

3
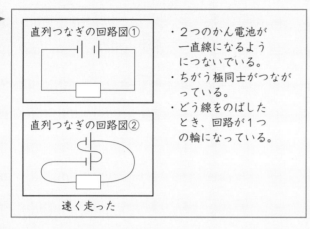

直列つなぎの回路図①

・2つのかん電池が一直線になるようにつないでいる。
・ちがう極同士がつながっている。
・どう線をのばしたとき、回路が1つの輪になっている。

直列つなぎの回路図②

速く走った

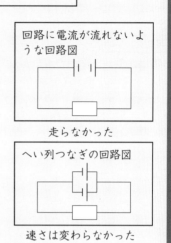

回路に電流が流れないような回路図

走らなかった

へい列つなぎの回路図

速さは変わらなかった

4 考察
・かん電池を2個使うと、かん電池1個の時よりモーターカーが速く走った。
・かん電池の数を2個に増やしても、モーターカーの速さが変わらないことがあった。
・つなぎ方によっては、モーターカーが走らないこともあった。

→もっとくわしく調べたい。

---

3 2個の乾電池でいろいろな回路をつくり、モーターカーを走らせる 〈15分〉

・ワークシートを見ながら回路をつくり、実際にモーターカーにつないで走らせる。
・後の考察につなげるために、乾電池を直列つなぎや並列つなぎにしている子供の姿を見取っておく。また、乾電池の同極同士をつないでいるなど、回路に電流が流れず、モーターカーが走らなかった例についても想定しておく。

4 モーターカーが速く走るときの乾電池のつなぎ方について話し合う 〈10分〉

かん電池を一直線につないだときは速く走ったよ。

電池を2つ使っても速くならないこともあったよ。

もう一度、みんなで確かめてみたいな。

・モーターカーが速く走ったときの回路と、そうでなかったときの回路を板書上で整理しながら考察する。
・乾電池を2個つないでもモーターカーの走る速さが変わらなかった例（並列つなぎ）についても全体で取り上げ、次時の学習につながる新たな疑問が生じるようにする。

第④／⑤時

直列つなぎや並列つなぎと、モーターの働きの関係について考える

（本時のねらい）
・２個の乾電池を直列つなぎや並列につなぎにしたときの、モーターカーの速さを調べることを通して、乾電池のつなぎ方によって、モーターを回転させる働きに違いがあることを捉えることができる。

（本時の評価）
・乾電池の数やつなぎ方を変えると、電流の大きさや向きが変わり、モーターの回り方が変わることを理解している。知①
・実験結果を基に考察し、表現している。思②

（準備するもの）
・乾電池（単三電池２個）
・乾電池ホルダー　２個
・モーター　　　・導線
・モーターカーの部品
　（プラバン、タイヤ、車軸など）

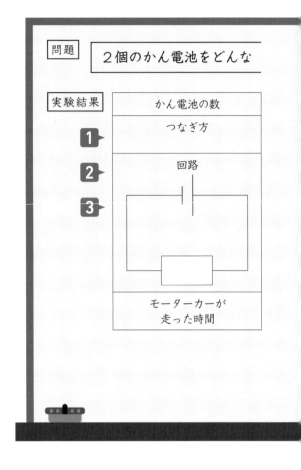

問題	２個のかん電池をどんな

実験結果

1 **2** **3**

かん電池の数

つなぎ方

回路

モーターカーが
走った時間

（授業の流れ）▷▷▷

1 前時の考察を基に、２個の乾電池のつなぎ方を変えて回路を作る　〈20分〉

・前時の考察場面を振り返り、乾電池１個のときよりモーターの働きが大きくなったつなぎ方や、乾電池を２個使っても、働きが変わらなかったつなぎ方について確認する。
・確認したことを基に、乾電池とモーター、導線をつないで、２種類の回路を作成し、モーターカーをつくる。

2 乾電池のつなぎ方を変えた２つのモーターカーの速さを比較する　〈25分〉

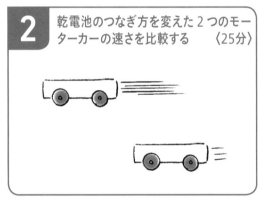

・誤差を少なくするために、班ごとに共通のモーターカーを用いて実験することや、コースや距離などの条件を揃えておくことを確認する。
・何度か繰り返して実験することで、結果の信頼性が高まることも伝えておく。
・結果の処理にあたっては、走った時間だけでなく、乾電池のつなぎ方も併せて記録する。

ふうにつなぐと、乾電池1個の時より、モーターカーが速く走るのだろうか。

1個	2個	2個
	ちがう極同士をつなぐ →直列つなぎ	同じ極同士をまとめて つなぐ→へい列つなぎ
秒	秒	秒

4 考察

モーターを、かん電池1このときよりもっと速く回すには、2個のかん電池を直列つなぎにするとよい。
かん電池の数が同じでも、へい列つなぎでは、モーターの回る速さは、かん電池1このときとほとんど変わらない。
→回路に流れる電流の大きさが関係している?

---

3 モーターカーの速さと乾電池の個数、
つなぎ方の関係を整理する 〈30分〉

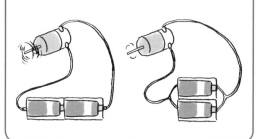

・乾電池を2個にすると、乾電池1個のとき
よりモーターカーが速く走ったつなぎ方と、
速さが変わらなかったつなぎ方があることを
確認した上で、直列つなぎ、並列つなぎとい
う用語を学習する。
「乾電池の個数やつなぎ方に着目して、それら
とモーターの働きとを関係付けて考えてみま
しょう」

4 乾電池のつなぎ方とモーターを回転させ
る働きの関係について考える 〈15分〉

「乾電池のつなぎ方によってモーターの働きに
違いが出るのはどうしてでしょうか」
・乾電池のつなぎ方による働きの違いについ
て、回路を流れる電流の強さの違いに関係が
あるのではないかという考えを引き出し、そ
れぞれの回路の電流の強さを調べればはっき
りしそうだという見通しをもてるようにす
る。

第⑥時

乾電池の数やつなぎ方と、電流の大きさの関係についてまとめる

本時のねらい
・直列つなぎと並列つなぎの回路を流れる電流の大きさを調べる活動を通して、乾電池のつなぎ方による電流の大きさとその働きの違いを、関係付けて考えることができる。

本時の評価
・乾電池のつなぎ方による電流の大きさとその働きの違いを調べ、分かりやすく記録している。知②
・実験結果を基に考察し、「電流」「回路」「直列つなぎ」「並列つなぎ」という言葉を使って表現している。思②

準備するもの
・乾電池（単三電池2個）　・ワークシート
・乾電池ホルダー　2個　　　💿03-02
・簡易検流計
・モーター　　　　　　　・プロペラ

単元名 電流のはたらき	年　組　名前
	月　日

😊 学習問題
かん電池の数やつなぎ方を変えて、
電流の大きさを調べよう。

実験

	かん電池1こ	直列つなぎ	へい列つなぎ
モーターの回る速さ			
電流の大きさ（A）			

わかったこと

授業の流れ ▷▷▷

1 前時の学習を振り返り、問題を見いだす 〈5分〉

・前時の実験結果と結論を掲示しておく。
・直列つなぎと並列つなぎのモーターカーが一定距離を走る際の時間について比較しながら振り返り、乾電池の個数が同じなのに電流の大きさが異なることに問題を見いだす。
乾電池の個数は同じなのに、直列つなぎと並列つなぎでモーターの回る速さが違うのはなぜだろうか。

2 前時の実験結果を基に、根拠のある予想を発想する 〈10分〉

直列つなぎではかん電池1このときとくらべて…

並列つなぎでは…

・直列つなぎと並列つなぎの両方について予想できるようにする。その際、2つのつなぎ方をしたときの回路に流れる電流の大きさを直接比較するのではなく、乾電池1個の時の電流の大きさとそれぞれ比較することで、結果が整理しやすくなることを助言する。
「乾電池のつなぎ方によって、回路に流れる電流の大きさはどのように違うのでしょうか」

1 問題 かん電池の個数は同じなのに、直列つなぎとへい列つなぎで
モーターの回る速さがちがうのはなぜだろうか。

2 予想

直列つなぎにしたときとへい列つな
ぎにしたときでは、回路に流れる電
流の大きさがちがうのだと思う。
(理由)前の時間の実験で、つなぎ方
によってモーターカーの走る速さが
変わっていたから。

3 実験結果

	かん電池1こ	直列つなぎ	へい列つなぎ
モーターの 回る速さ		かん電池1こ より速い	かん電池1こ と同じ
電流の大きさ (A)	1.0A	1.5A	1.0A

4 考察

実験結果を 量的 ・ 関係的 な見方で
見てみると、モーターが速く回ると
きは電流の大きさが大きく、かん電
池1このときと同じ速さで回るとき
は、電流の大きさもかん電池1この
ときと同じになっている。

結ろん

かん電池の数は同じでも、つなぎ方に
よって回路に流れる電流の大きさが変わ
り、モーターの回る速さもちがってくる。

電流のはたらきの大きさは、回路に流れ
る電流の大きさによって決まる。

---

3 乾電池のつなぎ方による電流の
大きさについて調べる　〈20分〉

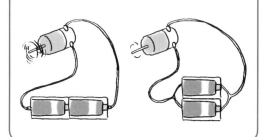

・回路図をもとに、それぞれの回路のどこの電
流の大きさを調べるのかを確認した上で実験
を行う。その際、直列つなぎではどの位置で
調べても電流の強さは一定だが、並列つなぎ
では、場所によって回路に流れる電流の大き
さがちがうことを確かめるようにする。
・特に並列つなぎでは、回路に対して検流計を
直列につなぐよう適宜確認する。

4 乾電池の数やつなぎ方と電流の
大きさについてまとめる　〈10分〉

・前時までの学習で培った「量的・関係的」な
見方を働かせて、回路に流れる電流の大きさ
と、モーターカーが走る速さとを関係付けて
考えられるようにする。
・考察の結果から、乾電池の個数は同じでも、
直列つなぎと並列つなぎでは回路に流れる電
流の大きさが異なるため、モーターカーが走
る速さにも違いが出ていたことをまとめる。

第⑦時

学習内容と実生活との関連について考える

本時のねらい

・単元のまとめを行い、本単元で学んだことと実生活との関連について考えることができる。

本時の評価

・単元で学んだことと自分たちの生活との関連について、友達と交流しながら考えようとしている。態①
・電流の働きについて学んだことを学習や生活に生かそうとしている。態②

準備するもの

・懐中電灯、テレビのリモコン　等（身の回りで乾電池が使われているおもちゃや製品）
・ワークシート 💿 03-03

ワークシート 💿 03-03

3

単元名 電流のはたらき　　年　　組　名前　　　　　　月　　日

○かい中電灯やリモコンの中の様子を観察して気付いたこと、思ったこと

○この単元の学習を振り返って

○これからさらに調べてみたいこと

授業の流れ ▷▷▷

1 これまでの学習について振り返り、整理する 〈10分〉

・これまでの板書の写真や、実験結果を示した表などを教室内に掲示しておく。
・振り返りを行う際には、直列つなぎや並列つなぎ、乾電池、導線など、理科で学習した言葉を使って整理していくとともに、「電流の大きさが大きくなればなるほど…」「…すると〜なった」など、「量的・関係的」な見方を働かせながら考えていくようにする。

2 生活の中で、乾電池がどのように使われているか確認する 〈15分〉

・乾電池やリモコンの中の回路の様子を確認する。
・構造が一目では分かりにくい物もあるので、あらかじめ教師が分解して、回路の様子が視覚的に捉えられるような状態にしておく。その上で、身近な物にも乾電池が使われていることや、直列つなぎになっていることが多いことに気付くことができるようにする。

1 めあて 単元の学習で学んだことをふり返ろう

・かん電池とどう線をつなぐと回路に電流が流れ、モーターを回すことができる。
・電流には向きと大きさがあり、それらはかんい検流計を使って調べることができる。
・回路に流れる電流の向きが反対になると、モーターのじくが回る向きも反対になる。
・かん電池のつなぎ方には直列つなぎやへい列つなぎなど、いろいろなつなぎ方がある。
・２つの乾電池を直列につなぐと、回路を流れる電流のはたらきが大きくなり、
　モーターの軸が回る速さも速くなる。

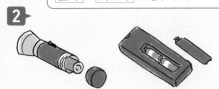
かん電池の個数や電流の大きさと働きについて考えるときには、
量的 ・ 関係的 な見方を働かせると整理しやすい

2

気がついたこと

・身近なものにもかん電池が使われている。
・直列つなぎが使われていた。
　→電流のはたらきを大きくするのに
　　便利だから？

4 単元の学習を通して思ったこと、さらに調べてみたいこと

・
・

---

3 実感したことや新しく調べてみたいことなどをワークシートに書く 〈10分〉

・本単元の学習を通して自分なりに考えたことや新たな疑問、新しく知りたいと思ったことなどをワークシートに書く。

「単元全体を振り返って、学んだことやできるようになったことを書きましょう」

・すぐに書くことが難しい子供には、掲示物や板書、これまでのノートやワークシートを振り返りながら考えるように助言する。

4 振り返ったことを互いに交流する 〈10分〉

・ワークシートに書いたことをもとに、本単元の学習を通しての実感や新たな疑問を友達と交流する。

・本単元で学んだことが生活の中の様々な場面で応用され、私たちの豊かなくらしを支えていることについて触れ、単元終了後も、自然事象への興味や関心が広がっていくようにする。

4 人の体のつくりと運動 B (1) （7時間扱い）

　骨や筋肉のつくりと働きに着目して、それらを関係付けて、人や他の動物の体のつくりと運動との関わりを調べる活動を通して、それらについての理解を図り、観察、実験などに関する技能を身に付けるとともに、主に既習の内容や生活経験を基に、根拠のある予想や仮説を発想する力や生命を尊重する態度、主体的に問題解決しようとする態度を育成する。

評価規準

知識・技能	思考・判断・表現	主体的に学習に取り組む態度
①人の体には骨と筋肉があることを理解している。 ②人が体を動かすことができるのは、骨、筋肉の働きによることを理解している。 ③人や他の動物について、器具や機器などを正しく扱いながら調べ、それらの過程や得られた結果を分かりやすく記録している。	①人や他の動物について、既習の内容や生活経験を基に、根拠のある予想や仮説を発想し、表現するなどして問題解決している。 ②人や他の動物について、観察、実験などを行い、得られた結果を基に考察し、表現するなどして問題解決している。	①人や他の動物についての事物・現象に進んで関わり、他者と関わりながら問題解決しようとしている。 ②人や他の動物について学んだことを学習や生活に生かそうとしている。

単元の概要

　第1次では、自分の腕と模型などを照らし合わせながら観察し、腕が動くときの様子を捉える。さらに、模型を作る活動を通して、骨や筋肉の関係を理解できるようにする。

　第2次では、腕の骨と筋肉について学んだことを基に、体全体の骨と筋肉の様子について予想し、図書資料、写真、骨格標本などを使って調べるという問題解決に取り組む。

　第3次では、人の体のつくりについて学んだことを基に、他の動物について、体の動きと骨や筋肉との関係を予想し、資料などを活用しながら調べ、人の体と動物の体を比較しながらまとめていく。

(1)本単元で働かせる「見方・考え方」

　人や他の動物の骨や筋肉の観察を通して、「共通性・多様性」「部分と全体」という見方を働かせ、「人の体には骨と筋肉があること」「人や他の動物が体を動かすことができるのは、骨、筋肉の働きが関係していること」や、「それぞれの動物には骨や筋肉、関節があるが、動物によって異なるものもあること」、「腕で調べた骨や筋肉とその運動との関係が、体全体にもあること」等についての理解を図りたい。

　その際、人や他の動物が体を動かすことと体のつくりについて、第4学年で重視される「関係付け」という考え方を働かせるようにする。

(2)本単元における「主体的・対話的で学び」

　直接自分の体に触れながら観察したり、実際に腕で物を持ち上げたときの様子を観察したり、他の動物のつくりと運動を観察し自分たちの体のつくりと運動の様子と比較したりする活動を行ったことと、図書資料や映像資料、模型と結び付けて調べられるようにする。また、絵や図を用いて調べたことを説明する活動を取り入れる工夫も「主体的・対話的で深い学び」につながる。

指導計画（全7時間）　詳細の指導計画は 🔵04-01参照

次	時	主な学習活動	評価
1	1	**観察1** 腕相撲や机を持ち上げたときの腕の中の様子を観察する。 ○腕相撲や机を持ち上げたときの腕の中の様子を観察したことを話し合い、問題を設定すし、予想をする。 **観察2** 自分の腕と試料や模型を照らし合わせ、観察する。 ○観察の結果から腕の様子をまとめる。	知①
	2	**観察3** 腕が動くときの骨の動きや働きを観察する。 ○腕の動きと骨の動き、働きをまとめる。	（思①）
	3	**観察4** 腕を動かしたときの骨と筋肉の様子を、模型を作成しながら観察する。	思①
	4	○模型を作成し、観察したことから腕を動かしたときの骨と筋肉の様子をまとめる。	知③・思②
2	5	○体全体の骨と筋肉について、腕の骨と筋肉を調べた経験を基に話し合う。 **観察1** 体全体の骨と筋肉の様子を、図書資料や映像資料を活用して調べ、自分の体の様子と照らし合わせ、記録する。	態①
	6	○観察し記録したことを基に、体全体の骨と筋肉の様子をまとめる。	知②
3	7	○人の体のつくりと運動を学習したことを基に、他の動物の体のつくりと運動はどのようになっているか比較しながら話し合う。 **観察1** 他の動物の体のつくりと運動について、飼育動物、動物園、博物館、図書・映像資料等を基に観察し、記録する。 ○調べたことを発表し、他の動物の体のつくりと運動はどのようになっているかまとめる。	態②

第①時

体験した経験を基に、腕には骨や筋肉があることをつかむ

（本時のねらい）

・腕のつくりと運動に着目し問題を見いだし、腕には骨と筋肉があることを模型や写真と自分の腕から確かめることができる。

（本時の評価）

・人の体には骨と筋肉があることを理解している。知①

（準備するもの）

・持ち上げるもの（机など重さがあるもの）
・腕の骨や筋肉の模型（写真）

1 ○うでずもう　○つくえを持ち上げる
　　　力を入れると　ふくらむところ
　　　もりあがる　→きん肉
　　・かたいところがある　→ほね
　　・ぼうのようになっている

問題

うでの中はどのように
なっているのだろうか。

（授業の流れ）▷▷▷

1 腕相撲や重い物を持ち上げる
動きをする　　　　　　〈10分〉

・腕相撲や机などの重い物を持ち上げる動きをし、腕の様子を観察する。
・力を入れたときや物を持ち上げたときの腕の様子を話し合い、筋肉と骨についての問題を見いだす。
・「力を入れると盛り上がった」「筋肉が盛り上がっているのかな」「骨のようなものが見えたよ」という発言を引き出したい。

2 腕の中の様子を
予想する　　　　　　〈10分〉

・予想を立てる際には、最初の活動や日常生活の経験を基に考えるようにする。
・考えたことをワークシートやノートに図や言葉で記入する。
・「腕の中がどのようになっているか、先ほどの活動のときの腕の様子や運動をしているときのことを思い出しながら予想しましょう」

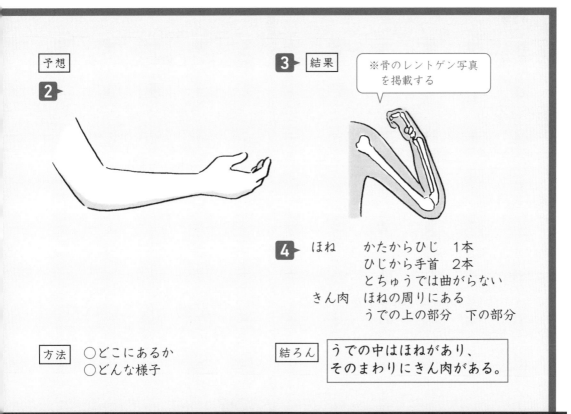

予想

2

3 結果

※骨のレントゲン写真
を掲載する

4 ほね　　かたからひじ　1本
　　　　ひじから手首　2本
　　　　とちゅうでは曲がらない
きん肉　ほねの周りにある
　　　　うでの上の部分　下の部分

方法　○どこにあるか
　　　○どんな様子

結ろん　うでの中はほねがあり、
　　　　そのまわりにきん肉がある。

3 自分の腕と写真等を比べながら
調べる　　　　　　　　〈15分〉

・筋肉や骨の模型や写真で、筋肉と骨がどのよ
うになっているか確かめ、ワークシートや
ノートに記入する。
・模型や写真と、実際に自分の腕を見たり触っ
たりしたことを結び付けて、記録をする。
「模型の骨や筋肉と自分の腕を結び付けて考え
てみましょう」

4 腕の骨と筋肉について
話し合う　　　　　　　〈10分〉

・結果を基に、骨と筋肉がどこにあり、どのよ
うな様子をしているか話し合う。
・予想した図と比較しながら、自分の考えをま
とめる。
・学級全体で、結論を導きだす。

第②時

腕を動かしたときの、動きと骨の関係について考える

本時のねらい

・腕の骨のつくりと運動に着目し問題を見いだし、運動と骨の関係と役割について観察し、考えることができる。

本時の評価

・腕の骨と運動の関係について見いだした問題を、既習の内容や生活経験を基に、根拠ある予想や仮説を発想し、表現している。（思①）

準備するもの

・腕の骨や筋肉の模型や写真（前時に使用したもの）
・身の回りの道具（折り畳み式の定規やものさし、コンパス、トング）
・クリップ動画

---

1 のばす ⟷ 曲げる

・うでを曲げてもほねは曲がらない
　→形
・曲がるところは　ほねとほねの間
　→曲がる場所
・ほねがないと物は持てない
　→ほねの役わり
　　ほねのはたらき

問題

> うでが**動く**とき、ほねはどのようなはたらきをしているのだろうか。

授業の流れ ▷▷▷

1 腕を動かしたときの骨の様子について問題を見いだす 〈10分〉

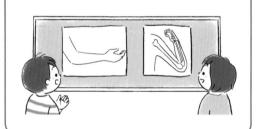

・第①時に学習したことを基に、腕の骨について話し合い問題を見いだす。

「腕は物を持ったり、力を入れたりできますね。骨はそのときどうなっているのでしょう」

・「曲げても、骨そのものは曲がらない」「曲がるところは、骨と骨の間かな」「骨がないと力を入れたり、重い物を持ち上げたりできないと思う」などの発言を引き出したい。

2 腕を動かしたときに骨がどのようになるか身近な道具と比べて予想する 〈10分〉

・日常使っている身の回りの道具で腕の骨と似ている動きをしているものはないか予想する。

・予想を立てる際には、第①時の活動や日常生活の経験を基に考えるようにする。

「日常で使っている道具を思い出し、腕の骨と似た形や動きをしているものを探しながら予想をしましょう」

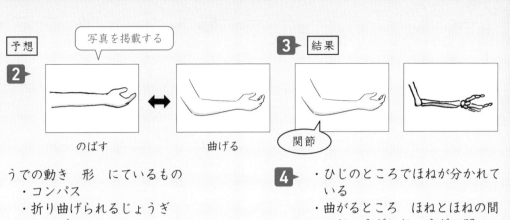

予想

2

写真を掲載する

のばす　⟷　曲げる

うでの動き　形　にているもの
・コンパス
・折り曲げられるじょうぎ
・トング
・ドアのちょうつがい

3 結果

関節

4
・ひじのところでほねが分かれて
　いる
・曲がるところ　ほねとほねの間
　→じょうぎとじょうぎの間
・うでをまげても　ほねは曲がら
　ない

結ろん
うでのほねは関節でつながっていて、曲げ
るときやのばすときはその部分で曲がる。
ほねはうでを支える役わりをしている。

3 腕を曲げ伸ばししたときの 骨の様子を観察する 〈15分〉

・動画や模型だけでなく、実際に腕を動かした
　ときの骨を触ってみて、モデルと実物を照ら
　し合わせて観察するようにする。
・伸ばしたとき、曲げたとき両方の図を記録
　し、曲がる部分も記録する。
・実際に腕を観察するときには、必ず自分の腕
　で行うように留意する。

4 観察したことを基に話し合う 〈10分〉

・腕を曲げたときと伸ばしたときは骨が曲がら
　ないこと、曲がる部分（関節）があること、
　骨が体を支える役割をすることを、結果を基
　に話し合う。

第③時

腕の筋肉と骨の動きの関係を予想し、模型を作る

本時のねらい

・腕を曲げたりのばしたりしたりする運動をしたときの骨と筋肉の関係に着目し、骨と筋肉の関係を予想することができる。

本時の評価

・腕を曲げたり伸ばしたりする運動をするときの骨と筋肉の関係について、既習の内容や生活経験を基に、根拠ある予想や仮説を発想し、表現している。思①．

準備するもの

・腕の骨や筋肉の模型や写真（前時に使用したもの）
・牛乳パック　2つ
・リボン（ハサミ、テープ）

うでを動かすとき
ほねだけ、きん肉だけではうでは動かない
ほねときん肉の関係は

> うでのきん肉はどのようになっていて、どのように動くのだろうか。

授業の流れ ▷▷▷

1 腕を動かしたときの骨と筋肉の様子について問題をつくる〈10分〉

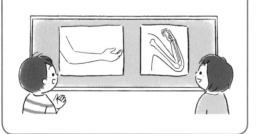

・第②時までに学習したことを基に、腕の骨について話し合い問題を見いだす。

「腕の骨や筋肉について学習しました。骨と筋肉の関係はどうなっているでしょうか」

「筋肉だけでは、腕は曲がらない」

「筋肉と骨がつながっているから腕が曲がるのかな」

2 腕を動かしたとき、骨と筋肉の様子がどうなっているか予想する〈10分〉

・前回までの骨と筋肉の写真やワークシートやノートの記録を活用しながら予想をする。

・予想を立てる際には、第②時までの活動や日常生活の経験を基に考え、特に骨と筋肉の接続するところがどこになるかに着目して考えるようにする。

2 予想

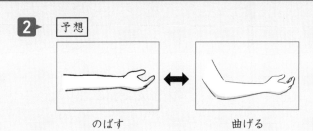

のばす　　　　　　　　　曲げる

3 方法

ほね…牛乳パック
きん肉…リボン

骨が動くためには　きん肉をどこにつけるのか

---

3 筋肉のつくりと腕の関係を
調べる方法を話し合う　〈5分〉

・牛乳パックを骨、リボンを筋肉に見立て、腕
　の模型を作ることを共有する。
・予想と照らし合わせると、リボンはどこにつ
　くのか考えることを通して結果の見通しをも
　てるようにする。

4 模型をつくる　　　　　〈20分〉

・牛乳パックを骨、リボンを筋肉と見立て、模
　型を作る。
・つくり方
①2つの牛乳パックに2か所ずつ切れ目を入
　れて、パックをつなげる。
②切れ目にリボンを通してパックの内側に止め
　る。
③切れ目をどこに入れると模型が動くか、何か
　所か試してみる。

第④時

模型から腕の筋肉と骨の関係を考える

本時のねらい
・作成した簡易模型を使いながら、腕を動かしたときの筋肉の様子と骨と筋肉の関係について、考察し、結論を導き出すことができる。

本時の評価
・腕のつくりと運動について、模型を正しく扱いながら調べ、その過程や得られた結果を分かりやすく記録している。知③
・腕を曲げたり伸ばしたりする運動をするときの骨と筋肉の関係について、模型をつくり動かした結果を基に考察し、表現している。思②

準備するもの
・腕の骨や筋肉の模型や写真
　（第③時に掲示したもの）
・ワークシート
・牛乳パック　2つ
・リボン（ハサミ、テープ）

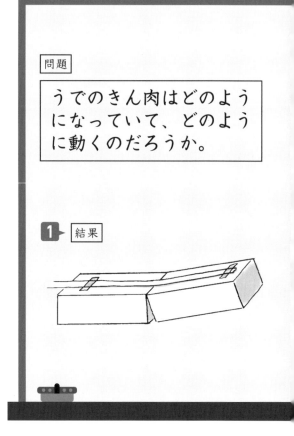

問題

> うでのきん肉はどのようになっていて、どのように動くのだろうか。

1 結果

授業の流れ ▷▷▷

1	作成した模型と自分の腕を比べて記録する　〈10分〉

・模型のリボンの位置を動かしながら、どのようにすれば腕の模型が動くかを確かめる。
・自分の腕を動かし触ってみて、模型の動きと照らし合わせる。
・動かしたり観察したりした様子をノートに記録する。
・腕を触りながら観察するときには、自分の腕で確かめるように留意する。

2	動画や写真から腕を動かしたときの筋肉の様子を確かめ記録する〈10分〉

・模型だけでは分からないことを、写真や動画で補足する。
・腕を動かしたとき、筋肉が伸びたり縮んだりする様子を動画を使って確かめる。
・「伸ばしたとき」「曲げたとき」の2つの場合に分けて、上下どちらの筋肉が伸び、縮んでいるのかを確かめ記録する。

2

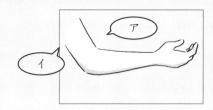

ア（うでの上）とイ（うでの下）に
きん肉がある
○曲げたとき　アのきん肉がちぢんだ
　　　　　　　イのきん肉がゆるんだ

○のばしたとき　アのきん肉がちぢんだ
　　　　　　　　イのきん肉がゆるんだ

3　考察　予想を振り返って考えよう

4　結ろん
うでのきん肉は、うでの上下にあり、2本のほねを
つなぐようについている。
きん肉はちぢんだりゆるんだりゆるんだりしてほね
を動かし、うでがまがったりのびたりする。

---

3 予想したことと照らし合わせて
考察をする　〈15分〉

・予想したときのノートをもう一度確認し、考
　察をする。
・「筋肉のつく場所が変わると腕が動かないこ
　とが分かった」「予想したときは、筋肉は縮
　むだけだと思っていた」「伸ばしたときと曲
　げたときでは、筋肉の伸び縮みが変わる」な
　どの考察が期待される。
・「筋肉が伸びる」、「縮む」という用語を使っ
　て考察できるように指導する。

4 結論を導きだす　〈10分〉

・腕には上下に筋肉があること、腕を曲げたり
　伸ばしたり運動をした時には、筋肉は伸びた
　り縮んだりすることを話し合う。

第⑤時

体全体の骨と筋肉のつくりと仕組みについて考える

本時のねらい
・腕の骨と筋肉、腕を曲げたり伸ばしたりしたときの骨と筋肉を学んだことを基に、体全体の骨と筋肉について調べる。

本時の評価
・骨と筋肉のつくりや仕組みについての学習に進んで関わり、友達と話し合いながら問題解決しようとしている。態①

準備するもの
・骨格標本（卓上に置けるもの）
・体全体の筋肉の写真
・図書資料
・体全体の骨と筋肉をかき込むことができるワークシート

1

これまで学習したこと
○うでのほね　　かたからひじ　1本
　　　　　　　　ひじから手首　2本
　　　　　　　　関せつでつながっている
　　　　　　　　コンパス、曲がるじょうぎ
　　　　　　　　の動きににている
○うでのきん肉
　　　　　　ほねをはさんで上と下にある
　　　曲げたとき　　上のきん肉ちぢむ
　　　　　　　　　　下のきん肉のびる
　　　のばしたとき　上のきん肉のびる
　　　　　　　　　　下のきん肉ちぢむ

授業の流れ ▷▷▷

1 体全体の骨と筋肉を調べる問題をつくる　〈10分〉

・前時までは腕の骨と筋肉について学んできたが、体全体も同じようなつくりや仕組みなのかを話し合う。

「腕の骨や筋肉はどうなっているか、動かすときの仕組みが分かりましたね。体全体も同じようなつくりと仕組みでしょうか」

2 体全体の骨と筋肉の様子を予想する　〈15分〉

・これまで学んだことから、「骨」「関節」「筋肉」の位置や動くときの関係について視点を絞って予想をする。

・骨と関節は、腕の骨と関節を考えたときのように、日常の道具に見立てて考える。

・予想を立てる際には、これまでの学習、第1時での活動、日常生活の経験を基に考え、具体的に理由も記述する。

問題		2 予想

体全体の骨と筋肉は、どのようなつくりやしくみになっているのだろうか。

・うでのほねやきん肉とにているところがある
・うでのほねやきん肉とはちがうつくりやしくみ

体全体の図を掲示する

3 方法

○使うもの
　・図書室の本　・写真　・もけい

○調べること（うでとくらべながら調べる）
　・関せつがどこにあるか
　　にている道具を考える
　・きん肉がどこにあるか
　　どのように動くのか

4 ［ほね］　［関せつ］　［きん肉］

自分の調べるところに名札を貼る

3　調べる計画を立てる　〈10分〉

・全身の骨や筋肉が掲載されている図書資料を使うことを促す。
・骨、筋肉、関節と調べる視点を分け、自分が調べることを選択する。選択したときには黒板にネームカードを貼り、何を調べるのか明確にする。
・調べた後に、図で示したり発表したりして共有する計画を立てる。

4　図書資料、写真、骨格標本等を活用し、調べる　〈10分〉

・腕の骨や筋肉のつくりと仕組みと似ているか、異なるかを考えながら記録するように促す。
・図書館司書と連携し、関連の図書資料をあらかじめ用意してもらうようにする。
・必要な部分だけを提示することも考えられる。

体全体の骨と筋肉のつくりと仕組みをまとめる

（本時のねらい）
・体全体の骨と筋肉について調べたことを共有し、体全体の骨と筋肉について考察し、結論を導き出すことができる。

（本時の評価）
・人の体には骨と筋肉があること、体を動かすことができるのは骨と筋肉の働きによることを理解している。知②

（準備するもの）
・骨格標本（卓上に置けるもの）
・体全体の筋肉の写真
・図書資料
・体全体の骨と筋肉をかき込むことができるワークシート
・書画カメラ等の拡大提示装置

問題

体全体の骨と筋肉は、どのようなつくりやしくみになっているのだろうか。

予想　体全体のほね、きん肉は
うでのほね、きん肉とにているか
○うでのほね　かたからひじ　1本
　　　　　　　ひじから手首　2本
　　　　　　　関せつでつながっている
　　　　　　　コンパス、曲がるじょうぎ
　　　　　　　の動きににている
○うでのきん肉
　　　ほねをはさんで上と下にある
　　　曲げたとき　　上のきん肉ちぢむ
　　　　　　　　　　下のきん肉のびる
　　　のばしたとき　上のきん肉のびる
　　　　　　　　　　下のきん肉ちぢむ
ほねがあるところ

（授業の流れ）▷▷▷

1 図書資料、写真、骨格標本等を活用し、調べる　〈10分〉

・第⑤時の調べ学習の続きを行う。
・調べ方や図の見方などが分からない子供がいたら、教師が適切に助言する。
・全体で共有することを意識しながら、記録をしていく。

2 調べたことを共有する　〈15分〉

・「骨」「関節」「筋肉」の位置や動くときの関係について視点を明確にしながら発表する。
・友達の発言を聞きながら、自分が調べたことと比較したり、関係付けたりしていくことができるように促す。
・書画カメラ等の拡大提示装置があれば、共有しやすい。

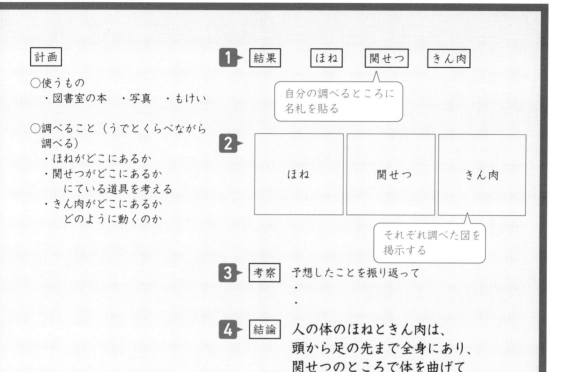

計画

○使うもの
　・図書室の本　・写真　・もけい

○調べること（うでとくらべながら
　調べる）
　・ほねがどこにあるか
　・関せつがどこにあるか
　　　にている道具を考える
　・きん肉がどこにあるか
　　　どのように動くのか

1 ▶ 結果　　ほね　　関せつ　　きん肉

自分の調べるところに
名札を貼る

2 ▶ | ほね | 関せつ | きん肉 |

それぞれ調べた図を
掲示する

3 ▶ 考察　予想したことを振り返って
　・
　・

4 ▶ 結論　人の体のほねときん肉は、
　　　　　頭から足の先まで全身にあり、
　　　　　関せつのところで体を曲げて
　　　　　いろいろな動きをすることができる。

---

3 調べたことや友達の発表を基に
　　考察をする　　　　　　〈10分〉

・視点ごとに図を確認できるように掲示してお
　き、それらを関係付けながら考察できるよう
　にする。
・予想と照らし合わせて考察できるように、前
　時の板書や学習したことを残しておき、画像
　や模造紙等の掲示で振り返るようにする。
・腕の筋肉や骨と比較しながら、自分の考えを
　書けるように促す。

4 考察を基に話し合い、
　　結論を導きだす　　　　〈10分〉

・体全体にはいろいろな骨と筋肉があることを
　話し合い、それらがそれぞれ関係して動いて
　いることが分かるように結論を導きだす。

第⑦時

動物の体の動きと骨や筋肉について考える

（本時のねらい）
・人の体の体のつくりと動きを学んだことを基に、他の動物ではどうかを予想し、調べることができる。

（本時の評価）
・人の体のつくりと運動について学んだことを、他の動物についての学習に生かそうとしている。態②

（準備するもの）
・人の体全身の骨や筋肉の模型や写真
　（第⑥時に掲示したもの）
・ワークシート
・図書資料
・映像クリップ
・実物投影機

ほね　　関せつ　　きん肉

ほね　　関せつ　　きん肉

前時に調べた図を掲示する

1 問題

ほかの動物の体の動きとほねやきん肉はどのようになっているのだろうか。

2 予想

・人の体のつくりとにている。
・動き（走り方やしせい）がちがうので体のつくりもちがいがある。

（授業の流れ）▷▷▷

1 他の動物の骨と筋肉のつくりと仕組みについて調べる問題をつくる〈10分〉

・これまで学んだことと、身近な生き物についてイラストや写真を比較しながら、人以外の動物の骨や体のつくりについて話し合い問題を見いだす。

「前の時間までに人の骨と筋肉のつくりと仕組みについて学びましたね。学校で飼っている動物の骨や筋肉のつくりや仕組みも人と似ているでしょうか」

2 動物の体の骨と筋肉のつくりと仕組みについて予想する〈10分〉

・身近な動物を挙げ、その動物の動きを動画で見ながら、骨と筋肉の体のつくりと仕組みについて予想をする。
・体のつくりと運動について関係付けながら予想する。その際、実際に生活科での見学や学校の飼育動物で目にする動物について扱うのがよい。

〔計画〕

○使うもの
・図書室の本　・写真　・もけい

○調べること（人とくらべながら調べる）
・ほねがどこにあるか
・関せつがどこにあるか
・きん肉がどこにあるか
　　どのように動くのか

3 〔結果〕

実物投影機で
表示する

調べた図	

4 〔考察〕予想したことを振り返って
人の体とくらべて
・にているところ

・ちがうところ

〔結ろん〕

ほかの動物にもそれぞれほねやきん肉、関せつがあり、これらのはたらきで体を動かすことができる。

3 資料を使って調べる　〈15分〉

・図書資料や映像資料を活用しながら、動きと体のつくりについて関係付けて調べ、記述する。
・実際に動物を触ることができる場合は、飼育担当者に扱い方を聞き、膝の上に抱くなどして、体のつくりを体感できるようにする。
・図書館司書との連携、学校獣医との連携、動物園見学の活動も考えられる。

4 結論を導きだす　〈10分〉

・調べたことを模造紙等にまとめたり、ノートやワークシートを実物投影機で映し出したりし、結果を共有する。
・共有した結果から、人の体のつくりと仕組みに似ているかどうかを話し合い、結論を導き出す。

5 季節と生物　B(2)　22時間扱い

単元の目標

　動物を探したり植物を育てたりしながら、動物の活動や植物の成長の様子と季節の変化に着目して、それらを関係付けて、身近な動物の活動や植物の成長と環境との関わりを調べることを通して、それらについての理解を図り、観察、実験などに関する技能を身に付けるとともに、主に既習の内容や生活経験を基に、根拠のある予想や仮説を発想する力や生物を愛護する態度、主体的に問題解決しようとする態度を育成する。

評価規準

知識・技能	思考・判断・表現	主体的に学習に取り組む態度
①動物の活動は、暖かい季節、寒い季節などによって違いがあることを理解している。 ②植物の成長は、暖かい季節、寒い季節などによって違いがあることを理解している。 ③身近な動物や植物について、器具や機器などを正しく扱いながら調べ、それらの過程や得られた結果を分かりやすく記録している。	①身近な動物や植物について、既習の内容や生活経験を基に、根拠のある予想や仮説を発想し、表現するなどして問題解決している。 ②身近な動物や植物について、観察、実験などを行い、得られた結果を基に考察し、表現するなどして問題解決している。	①身近な動物や植物についての事物・現象に進んで関わり、他者と関わりながら問題解決しようとしている。 ②身近な動物や植物について学んだことを学習や生活に生かそうとしている。

単元の概要

　第1〜4次で、それぞれ春夏秋冬の生物の様子の変化に着目し、前の季節とどう変わってきたかを考える。気温と関係付けた根拠のある予想や仮説を発想し、生物は暖かい季節には活発に活動や成長をするが、寒い季節には活動や成長が鈍くなることを捉える。

指導のポイント

(1)本単元で働かせる「見方・考え方」

　生物の観察を通して、「共通性・多様性」の見方を働かせ、「どの生物の様子も季節によって違いがある」といった視点（共通性）や、「生物によって違った生き方をしている」といった視点（多様性）をもって対象と関わり、1年間の生物の様子を捉えるようにする。その際、季節の変化に伴う自然の様子と気温の変化について、第4学年で重視される「関係付け」という考え方を働かせ、生物全体をまとめるようにする。

(2)本単元における「主体的・対話的で深い学び」

　1年間を通した観察をするため、子供の新たな興味・関心を高める工夫が「主体的・対話的で深い学び」につながる。例えば、涼しくなると木の葉が紅葉することは多くの子供は知っているが、「涼しくなるって何度くらい？」「木のどのあたりから紅葉するの？」など働きかけたり、季節ごとのまとめとして、校内地図に生き物の様子を整理したりすることで、自然に自ら深く関わるようになる。

次	時	主な学習活動	評価
1	1・2	**観察1** 春の校庭の生物の様子を観察し、冬の様子と違うところを見つける。 ○春になって生物の様子が変わってきたことを話し合う。	（思①）
	3・4	○動物、植物それぞれ2種類以上の生物について、どのようにこれから変化していくか、気温と関係付けた根拠のある予想や仮説を発想し、表現し、観察計画を立てる。	思①
	5・6	**観察2** 観察する視点を決め、自分の選んだ生物を観察し、記録する。	知③
	7	○春の頃の植物や動物の特徴を整理し、季節の変化と生物の活動に関係があることを話し合い、まとめをする。	（思②）
2	8	○夏になって、生物の様子が変わってきたことを話し合う。	（態①）
	9	○春に比べて、夏の生物はどのように変わったか、気温と関係付けた根拠のある予想や仮説を発想し、表現する。	思①
	10・11	**観察3** 春の時の観察と同じように、観察する視点を決め、自分の選んだ生物や夏の頃の生物を観察し、記録する。	知③
	12	○夏の植物と動物の様子を整理し、春と比較しながら、季節の変化と生物の活動に関係があることを話し合い、まとめをする。	（知①）・（知②）
3	13	○秋になって、生物の様子が変わってきたことを話し合う。	（態①）
	14	○夏に比べて、秋の生物はどのように変わったか、気温と関係付けた根拠のある予想や仮説を発想し、表現する。	思①
	15・16	**観察4** 夏の時の観察と同じように、観察する視点を決め、自分の選んだ生物や秋の頃の生物を観察し、記録する。	知③
	17	○秋の植物と動物の様子を整理し、春や夏と比較し、季節の変化と生物の活動に関係があることを話し合い、まとめをする。	思②
4	18	○冬になって、生物の様子が変わってきたことを話し合う。	態①
	19	○秋に比べて、冬の生物はどのように変わったか、気温と関係付けた根拠のある予想や仮説を発想し、表現する。	思①
	20・21	**観察5** 秋の時の観察と同じように、観察する視点を決め、自分の選んだ生物や冬の頃の生物を観察し、記録する。	態②
	22	○冬の植物と動物の様子を整理し、これまでの生物の様子と比較できるようにする。 ○1年間の季節の変化と生物の活動に関係があることを話し合い、まとめをする。	知①・知②

第①／②時

校庭の生物の様子を観察し、問題を見いだす

（本時のねらい）
・春の校庭の生物の様子を観察し、冬の様子と違うところを見つけ、問題を見いだすことができる。

（本時の評価）
・春と冬の校庭の動物や植物の様子の違いから、問題を見いだそうとしている。（思①）

（準備するもの）
・冬と春の生物の様子の写真
・虫眼鏡
・デジタルカメラ
・ワークシート 🔘 05-02
・鉛筆
・色鉛筆
・観察用ボード

観察記録　ワークシート　　　　年　　組　名前　　　　　　月　　日

（天気　　）（気温　　℃）

☺学習問題
（　　　　）小学校の春の生き物のようすを調べよう。

観察

気付いたことやぎ問に感じたこと

（授業の流れ）▷▷▷

1 冬と春の様子の違いについて気付いたことを話し合う 〈15分〉

・冬と春の様子の写真を提示する。
「冬と春の様子にはどんな違いがありますか」
・タンポポが咲いていることやサクラの木の様子の違い、チョウなどの昆虫が飛んでいるなどの違いに着目して話し合う。
・校内の生き物の観察への興味・関心をもつようにする。

2 自分の調べたい生物の種類を決め、観察する 〈30分〉

・校庭に出て、観察する。
・気温の測り方や虫眼鏡の使い方などを正確に指導する。
・観察記録は自由に書くようにし、天気と気温を記録しておく。
・デジタルカメラでも記録する。

1

・冬は花がさいていない。
・サクラの花もさいている。
〈○○小学校の春の生き物のようすを調べよう。〉

・春になるとサクラの花がさく。
・タンポポの花もさく。

 3 気付いたことやぎ問に感じたこと

冬の様子	今日、観察したこと
・タンポポを見つけるのがむずかしい。 →同じ場所にあったのかな。 ・サクラの花はまだつぼみだった。 →つぼみのまま、冬をすごすのかな。	・タンポポの花がさいていた。 →去年見たわた毛が成長したのかな。 ・サクラはきれいな花が咲いていた。 →温かくなったから花が咲いたのかな。

4 問題 春の頃の生物はこれからどのように変わっていくのだろうか?

3 校庭の様子について、気付いたことなどを共有する 〈30分〉

・今後の活動の意欲につながるように、気付いたことや疑問に感じたことを自由に発言できる雰囲気を作る。
・子供の気付きや疑問を冬の様子と比較しながら、表に整理する。

4 問題を見いだす 〈15分〉

・植物が成長したり、動物が活動し始めたりした理由を話し合う。
・冬の気温と春の気温を比較し、生き物の様子と関係付ける。
・3年生で培った「共通性・多様性」の見方を働かせて、問題を見いだす。
・子供の発言を記録しておく。

第③／④時

自分が観察する生物の変化を予想し、観察計画を立てる

本時のねらい

・動物、植物、2種類以上の生物について、どのようにこれから変化していくか、気温と関係付けた根拠のある予想や仮説を発想し、表現することができる。

本時の評価

・動物の活動や植物の成長の変化について、生活科や3年生の学習での栽培経験などから、根拠のある予想や仮説をノート等に表現している。思①

準備するもの

・温度計　　　　　・鉛筆
・虫眼鏡　　　　　・色鉛筆
・デジタルカメラ　　・観察用ボード
・ワークシート 🔵 05-03

授業の流れ ▷▷▷

1 前時の学習を振り返り、問題を確認する　〈15分〉

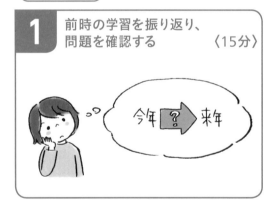

・前時で観察したスケッチを黒板に貼る。
・前時**4**の場面の子供の発言の記録を提示する。
・毎年春に同様の様子が観察できることから、その途中の変化について話し合う。
・話し合いを通して、疑問点を明確にする。

2 話し合いを通して、根拠のある予想を発想する　〈30分〉

・問題から詳しく観察したい視点を明確にもつ。
・第3学年で培った「共通性・多様性」の見方や第4学年で重視する「関係付け」という考え方を働かせて、根拠のある予想や仮説を発想する。
・生物の変化の過程と気温を関連させて考えるようにする。

1

 → ? → これからどうなるかな？

 → ? → これからどうなるかな？

問題 春のころの生物はこれからどのように変わっていくのだろうか。

2 予想 （タンポポの例）
・タンポポの花はこれからわた毛（たね）になり、また成長して花がさくと思う。
（理由）１年生でアサガオ、３年生でホウセンカを育てた時も、たねから成長し、花がさいたから、タンポポも同じように成長すると思う。

4 これから調べたいこと（観察計画）
・印をつけたタンポポはこれからどのように変化するか調べたい。
・タンポポのわた毛（たね）から本当に芽を出して成長するかも調べたい。

---

3 自分の調べたい生物の種類を決め、観察する　〈35分〉

・再度校庭に出て、観察する。
・前時に学んだ気温の測り方を想起する。
・自分が調べたい植物に印を付けておく。
・デジタルカメラでも記録する。
・クラスで栽培するヘチマなども準備する。
「前に観察したときと比べて、何か変わったことはありますか」
・子供の気付きを引き出すようにする。

4 今後どんなことを調べたいかを発表し、観察計画を立てる　〈10分〉

・自分の調べたいことを明確にもち、観察計画を立てる。
＊理科の時間以外に観察する際にも、毛虫やハチなどに注意するよう指導する。
「次に観察するときは、どんなところが変わっているでしょうか」
・子供の調べたいという意欲を高める。

第⑤／⑥時

予想したことに着目して観察し、ワークシートに記録する

本時のねらい

・観察する視点を決め、自分の選んだ生物を観察し、記録することができる。

本時の評価

・動物の活動や植物の成長の変化について、温度計や虫眼鏡を正しく扱いながら、ワークシートに分かりやすく記録している。知③

準備するもの

・温度計
・虫眼鏡
・デジタルカメラ
・ワークシート 🖸 05-03
・鉛筆
・色鉛筆
・観察用ボード

ワークシート 🖸 05-03

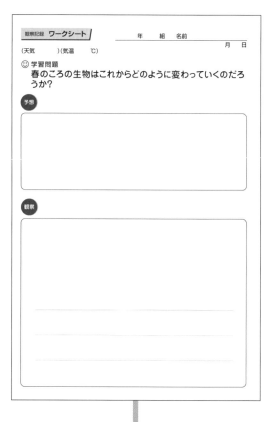

観察記録 ワークシート	年　　組　　名前
（天気　　　）（気温　　℃）	月　　日

☺ 学習問題
　春のころの生物はこれからどのように変わっていくのだろうか?

予想

観察

授業の流れ ▷▷▷

1 前時の予想と観察計画を確認し、どこに着目して観察するか確認する〈10分〉

・前時の予想を提示物として残しておくことで、子供たちの予想を共有したり確認したりしやすくする。
・予想したことを観察の視点とし、何を調べるのか明らかにする。

2 自分の予想を確かめるために、視点を明らかにして観察をする　〈60分〉

・温度計や虫眼鏡を正しく使う。
・視点をもって観察しているか見取る。天気も記録しておく。
・植物と動物を1種類ずつ記録できるように時間を確保する。

問題	春のころの生物はこれからどのように変わっていくのだろうか。

1 予想
・タンポポの花はこれからわた毛（たね）になり、また成長して花がさくと思う。

3

児童の観察カードをいくつか掲示する

観察カード	観察カード	観察カード	観察カード

4 差い点

・サクラとタンポポは花がさいているけど、ヘチマは種や芽が出たばかり。
・巣を作るものと卵を産み付けるものがある。

共通点

・アゲハチョウもツバメも卵を産んでいる。
・オタマジャクシも卵を産んだ。

3 観察記録を友達と見合い、差異点や共通点を話し合う　〈10分〉

同じだ！

・観察記録を見合う活動を初めて取り組む場合もあるため、学び方の順序を確認し、グループで見せ合う。
・「気付いたことを友達に伝えよう」と呼びかけ、**4**の活動につなげる。

4 グループで話し合った差異点や共通点を発表する　〈10分〉

わかりやすく整理したい

・グループで話し合った差異点や共通点をクラス全体で共有し合う。
・発表できた子供や認めている子供を称賛することで、次への活動の意欲をもてるようにする。

第 ⑦ 時

春の生物の特徴を整理し、季節の変化と生物の活動の関係を話し合う

（本時のねらい）
・季節の変化と生物の活動に関係があることを話し合い、観察したことや考えたことを整理し表現することができる。

（本時の評価）
・季節の変化と生物の活動との関係について、観察結果を基に考えたことを整理し、表現している。（思②）

（準備するもの）
・「春の生き物マップ」
（イメージ 🔵 05-04）
・校内の拡大地図（掲示用）
・色シール
・観察した生き物の写真

「春の生き物マップ」イメージ

校内地図（春の生き物マップ）〜イメージ〜

・ピンクの花が咲いていたよ。

・体育館の雨の当たらない壁に春のツバメの巣があるよ

・モンシロチョウはキャベツに卵を産んだ。

・ヘチマはまだ苗のままだよ。

・黄色の花が咲いていた。
・綿毛も少しずつできてきた

（授業の流れ）▷▷▷

1 本時の問題を確認する 〈5分〉

・前時に話し合った差異点や共通点を想起したり、他にも気付いたことを発表したりする。
・前時に出し合ったこと以外にも気付いたことがあった子供を見取り、紹介する。

2 「春の生き物マップ」に整理する 〈25分〉

・写真や気付いたことは子供が書きこむのが理想だが、最初は教師と丁寧に作業をすることで、学び方を知ることにつながる。
・校内地図にまとめることで、「部分と全体」という見方を働かせることに生かす。

1

問題 | 春のころの生物はこれからどのように変わっていくのだろうか。

3

・あたたかくなると、花がさく植物が多くなる。
・葉や芽が出る植物が多くなる。
・あたたかくなると、たまごをうむ動物が多くなる。
・活動がさかんになる動物が多くなる。
・冬よりも気温があたたかくなっている。

校内の拡大地図を
掲示する

4 | 結ろん

春のころの生物は、気温の上しょうにともない活動や成長を始める。

---

3 「春の生き物マップ」にまとめた
ことを基に話し合う 〈10分〉

・生き物マップを全体として捉え、共通点や差
　異点をまとめる。
・話し合ったことと、拡大した「春の生き物
　マップ」を照らし合わせて記録し、夏の生物
　の観察に生かす。

4 結論を導きだす 〈5分〉

・結論を導いた後に、次の活動への意欲がもて
　るように、「もっと暖かくなると、どうなる
　かな？」と問いかけておくとよい。

第⑧時

夏になって、育ててきた生物の様子が変わってきたことを話し合う

（本時のねらい）
・「春の生き物マップ」や観察スケッチなどと、夏の外の様子や写真などを見て、春とどのように変わっているのか話し合い、問題を見いだすことができる。

（本時の評価）
・春の生き物の様子の観察結果と教室から見た夏の様子について比較し、友達と話し合いながら問題解決しようとしている。（態①）

（準備するもの）
・「春の生き物マップ」
・校内の春と夏の様子の分かる写真
・春にかいた観察スケッチ（表紙を作って、春の観察記録をつなげておくとよい）

1 第⑦時にまとめた
「春の生き物マップ」
を掲示する

1 気付いたこと
・春の終わりは桜の花が散っていた。
・ヘチマはまだ、葉が2，3枚のなえだった。
・ツバメの巣にたまごを産んでいた。
・キャベツにはチョウのたまごがあった。

（授業の流れ）▷▷▷

1 春の生き物の様子を
振り返る　　　　〈10分〉

・春に整理した校内地図（生き物マップ）を黒板に貼る。
・表紙と春の観察スケッチ（植物・動物）をそれぞれつなげたものを用意し、比較する。
・生き物の様子の変化と気温の関係を確認する。

「生き物の様子と気温はどのように変化したかな」

2 夏の生き物の様子について、気付いたことや疑問を話し合う〈10分〉

・夏の写真を提示し、春の生き物の様子と何が違うか気付いたことと疑問を明確にしておく。
・子供が継続的に育てている植物や昆虫、巣をつくっているツバメの巣の写真などを季節ごとの様子を撮影しておく。
・子供の成長に応じて、グループで対話できるように経験を積み重ねておく。

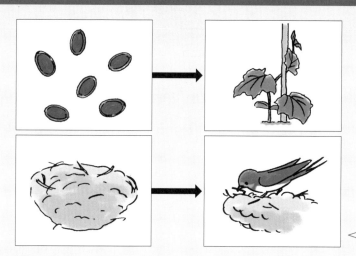

2 疑問

・サクラは花が散るとどうなるのかな。
・ヘチマは花だんに植えかえたけど、どうかわっているかな。
・ツバメの巣のたまごから、ヒナは生まれたかな。
・チョウはまだ、たまごを産んでいるかな。

3 問題

> 春とくらべて、夏の生き物はどのように変わっているのだろうか。

写真を掲示する

3 夏の生き物の様子について、
問題を見いだす　〈10分〉

・疑問や問題をノートに記入する。
・個々の問題を踏まえて、学級全体の問題を見
　いだす。
「冬から春と春から夏では、変化に違いがある
のかな」

4 夏の生き物の様子について、予想
や仮説をノートに記入する〈15分〉

・詳しく観察したい視点を明確にもつ。
・次の時間に学級全体で予想や仮説が話し合え
　るように、これまでに培ってきた「共通性・
　多様性」の見方を働かせて、根拠のある予想
　や仮説をノートに記録しておく。
・机間指導をしながら、生き物の変化の過程と
　気温を関連させている子供を見取り、称賛す
　る。

第 ⑨ 時

自分が観察している生物の変化を予想し、観察計画を立てる

本時のねらい

- 春に選んだ生物について、春と比べて夏の生き物がどのように変化していくか、気温と関係付けた根拠のある予想や仮説を発想し、表現することができる。

本時の評価

- 春に比べて、夏の生き物はどのように変わったか、冬から春の様子と気温とを関係付けた根拠のある予想や仮説を発想し、表現している。思①

準備するもの

- 温度計　　　　　・鉛筆
- 虫眼鏡　　　　　・色鉛筆
- デジタルカメラ　・観察用ボード
- ワークシート 🄫 05-05

ワークシート 🄫 05-05

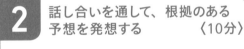

観察記録 **ワークシート**　　　　　年　組　名前　　　　　　　月　日

（天気　　　）（気温　　℃）

☺ 学習問題
春とくらべて、夏のころの生物はどのように変わっているのだろうか?

予想

観察

授業の流れ ▷▷▷

1 前時の学習を振り返り
問題を見いだす　　　〈5分〉

- 前時で観察したスケッチを黒板に貼る。
- 春に観察したことがどのように変わるのか、途中の変化について話し合う。
- 話し合いを通して、疑問点を明確にする。

2 話し合いを通して、根拠のある
予想を発想する　　　〈10分〉

- 詳しく観察したい視点を明確にもつ。
- 春の観察までに培った「共通性・多様性」の見方や「関係付け」という考え方を働かせて、根拠のある予想や仮説を発想する。
- 生物の変化の過程と気温を関連させて考えるようにする。

1

? → 夏にはどうなるかな？

? → 夏にはどうなるかな？

問題 | 春とくらべて、夏の生き物はどのようにかわっているのだろうか。

2 予想 （例：ヘチマ）

・ヘチマの葉の数が増えて、くきが伸びていると思うよ。
（理由）3年生でホウセンカを育てた時も、夏のころに葉が増えて大きくなっていったから。

4 これから調べたいこと（観察計画） （例：ヘチマ）

・自分が育てているヘチマの葉の数やくきの高さを調べたい。
・どんどんのびそうだから、1週間ごとに観察したい。

---

3 自分の調べている生物を観察する 〈15分〉

・春の頃の観察で学習した気温の測り方を想起し、正しく計測する。
・自分が調べたい植物に印を付けておく。
・デジタルカメラでも記録する。
「春に観察したときと比べて、何か変わったことはありますか」
・子供の気付きを引き出すようにする。

4 今後どんなことを調べたいか発表し、観察計画を立てる 〈15分〉

・自分の調べたいことを明確にもち、観察計画を立てる。
＊理科の時間以外に観察する際にも、毛虫やハチなどに注意するよう指導する。
「次に観察するときは、どんなところが変わっているでしょうか」
・子供の調べたいという意欲を高める。

第⑩／⑪時

予想したことに着目して観察し、ワークシートに記録する

本時のねらい

・動物の活動や植物の成長の変化について、観察の視点をもって自分の選んだ生物を調べ、春と比べながら記録することができる。

本時の評価

・春の頃の観察と同じように、器具を正しく扱いながら、自分の選んだ生物や夏の頃の生物を観察し、ワークシートに分かりやすく記録している。知③

準備するもの

・温度計
・虫眼鏡
・デジタルカメラ
・ワークシート 🔘 05-05
・鉛筆
・色鉛筆
・観察用ボード

ワークシート 🔘 05-05

観察記録　ワークシート	年　　組　　名前
（天気　　）（気温　　℃）	月　　日

☺学習問題
　春とくらべて、夏のころの生物はどのように変わっているのだろうか？

予想

観察

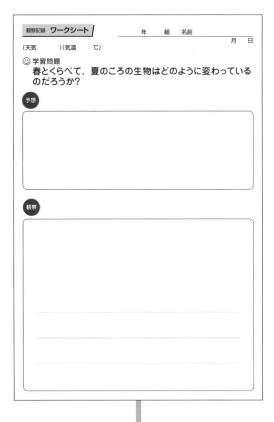

授業の流れ ▷▷▷

1 前時の予想と観察計画を基に、どこに着目して観察するか確認する 〈10分〉

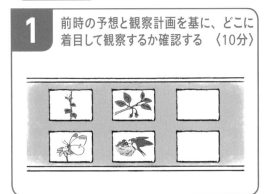

・前時の予想を提示物として残しておくことで、子供たちの予想を共有したり確認したりしやすくする。
・予想したことを観察の視点とし、何を調べるのか明らかにする。

2 自分の予想を確かめるために、視点を明らかにして観察をする 〈60分〉

・温度計や虫眼鏡を正しく使う。
・視点をもって観察しているか見取る。天気も記録しておく。
・植物と動物を1種類ずつ記録できるように時間を確保する。

予想したことに着目して観察し、ワークシートに記録する

130

| 問題 | 春とくらべて、夏の生き物はどのように変わっているのだろうか。 |

1 予想

・ヘチマの葉の数が増えて、くきが伸びていると思うよ。
（理由）3年生でホウセンカを育てた時も、夏のころに葉が増えて大きくなっていったから。

3
> 児童の観察カードをいくつか掲示する

| 観察カード | 観察カード | 観察カード | 観察カード |

4 差い点

・サクラは葉がついていて花が散ったけど、ヘチマは葉が出て大きくなり、花のつぼみもできてきた。
・ツバメはヒナを育てている。

共通点

・植物はどれも葉の色が緑色でどれも大きかった。
・チョウもツバメも活発だった。
・昆虫の種類も数も増えてきた。

3 観察記録を友達と見合い、差異点や共通点を話し合う 〈10分〉

・春に見せ合った活動を想起し、学び方の順序を確認して、グループで見せ合う。
・「気付いたことを友達に伝えよう」と呼びかけ、**4**の活動につなげる。

4 グループで話し合った差異点や共通点を発表する 〈10分〉

・グループで話し合った差異点や共通点をクラス全体で共有し合う。
・発表できた子供や認めている子供を称賛することで、次への活動の意欲をもてるようにする。

第⑫時

夏の生物の特徴を整理し、季節の変化と生物の活動の関係を話し合う

本時のねらい

・季節の変化と生物の活動に関係があることを話し合い、観察したことや考えたことを整理し春と比較することができる。

本時の評価

・夏の植物と動物の様子を整理し、春と比較することによって、季節の変化と生物の活動に関係があることを理解している。
（知①）・（知②）

準備するもの

・「夏の生き物マップ」
（イメージ 💿 05-06）
・校内の拡大地図
・色シール
・観察した生き物の写真

「夏の生き物マップ」のイメージ

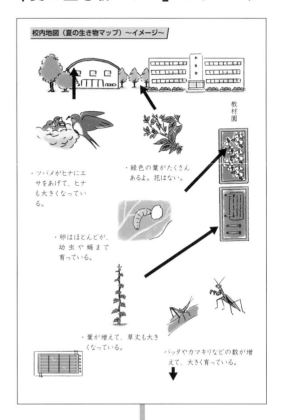

校内地図（夏の生き物マップ）〜イメージ〜

・ツバメがヒナにエサをあげて、ヒナも大きくなっている。

・緑色の葉がたくさんあるよ。花はない。

教材園

・卵はほとんどが、幼虫や蛹まで育っている。

・葉が増えて、草丈も大きくなっている。

・バッタやカマキリなどの数が増えて、大きく育っている。

授業の流れ ▷▷▷

1 本時の問題を確認する 〈5分〉

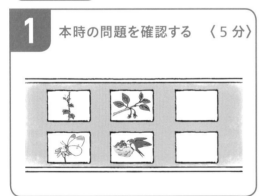

・前時に話し合った差異点や共通点を想起したり、他にも気付いたことを発表したりする。
・前時に出し合ったこと以外にも気付いたことが合った子供を見取り、紹介する。

2 「夏の生き物マップ」に整理する 〈25分〉

・写真や気付いたことは子供が書きこむのが理想だが、必要に応じて教師が支援する。
・校内地図にまとめることで、「部分と全体」という見方を働かせることに生かす。

1 問題

> 春とくらべて、夏の生物はどのように変わっているのだろうか。

3
- ・暑くなると、植物はえだやくきがのびる。
- ・葉が増えている。
- ・春よりも成長している。
- ・いろいろな動物が春の頃よりさかんに活動している。
- ・動物の種類や数も増えている。

4 結ろん

> 夏のころの生物は、春にくらべて生物の数がふえ、活動がさかんになっている。

3 「夏の生き物マップ」にまとめたことを、「春の生き物マップ」と比較しながら話し合う 〈10分〉

- ・生き物マップを全体としてとらえ、共通点や差異点をまとめる。
- ・話し合ったことを、春と夏の違いが分かるように記録し、秋の生物の観察に生かす。

4 結論を導きだす 〈5分〉

- ・結論を導いたあとに、次の活動への意欲がもてるように、「秋になるとどのように変わるかな？」と問いかけておくとよい。

第⑬時

秋になって、育ててきた生物の様子が変わってきたことを話し合う

（本時のねらい）
・「夏の生き物マップ」や観察スケッチなどと、秋の外の様子や写真などを見て、夏とどのように変わっているのか話し合い、問題を見いだすことができる。

（本時の評価）
・夏の生き物の様子の観察結果と教室から見た秋の様子について比較し、友達と話し合いながら問題解決しようとしている。（態①）

（準備するもの）
・「夏の生き物マップ」
・校内の夏と秋の様子の分かる写真
・春と夏にかいた観察スケッチ（植物と動物の記録をそれぞれつなげておく）

1 ▶ 第⑫時でまとめた
「夏の生き物マップ」
を掲示する

2 気付いたこと
・サクラの木には葉がたくさんついていたよ。
・ヘチマも大きく育ち、花もさき始めていたよ。
・ツバメの巣には、ヒナがいて、食べ物をあげていた。
・チョウのよう虫やさなぎ・成虫を見つけたよ。
・草むらにはバッタやカマキリのよう虫がいたよ。

（授業の流れ）▷▷▷

1 夏の生き物の様子を振り返る 〈10分〉

・夏に整理した校内地図（生き物マップ）を黒板に貼る。
・春と夏の観察スケッチ（植物・動物）をそれぞれつなげたものを用意し、比較する。
・生き物の様子の変化と気温の関係を確認する。
「生き物の様子と気温はどのように変化したかな」

2 秋の生き物の様子について、気付いたことや疑問を話し合う 〈10分〉

・秋の写真を提示し、夏の生き物の様子と何が違うか、気付いたことと疑問を明確にしておく。
・子供が継続的に育てている植物や昆虫、巣をつくっているツバメの巣の写真などを季節ごとの様子を撮影しておく。
・子供の成長に応じて、グループで対話できるように経験を積み重ねておく。

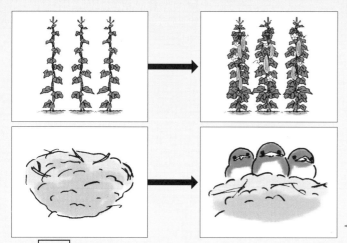

写真を掲示する

疑問

・サクラの葉はどうなっているかな。
・ヘチマ草たけは大きくなっていない。どうしてかな。
・ツバメの巣のヒナは大きくなったかな。
・チョウのよう虫やさなぎがへってきた。どうしてかな。
・バッタやカマキリのよう虫はまだいるかな。

3 問題 夏とくらべて、秋の生き物はどのように変わっているのだろうか。

---

3 秋の生き物の様子について、問題を見いだす 〈10分〉

・子供の疑問や問題をノートに記入する。
・個々の問題を踏まえて、学級全体の問題を見いだす。
「春から夏と夏から秋では、変化に違いがあるのかな」

4 秋の生き物の様子について、予想や仮説をノートに記入する 〈15分〉

・詳しく観察したい視点を明確にもつ。
・次の時間に学級全体で予想や仮説が話し合えるように、これまで培ってきた「共通性・多様性」の見方や「関係付け」という考え方を働かせて、根拠のある予想や仮説をノートに記録しておく。
・机間指導をしながら、生き物の変化の過程と気温を関連させている児童を見取り、称賛する。

自分が観察している生物の変化を予想し、観察計画を立てる

本時のねらい

・春に選んだ生物について、夏と比べて秋の生き物がどのように変化していくか、気温と関係付けた根拠のある予想や仮説を発想し、表現することができる。

本時の評価

・夏に比べて、秋の生き物はどのように変わったか、春から夏の様子と気温とを関係付けた根拠のある予想や仮説を発想し、表現している。思①

準備するもの

・温度計　　　　　・鉛筆
・虫眼鏡　　　　　・色鉛筆
・デジタルカメラ　・観察用ボード
・ワークシート 🔘05-07

ワークシート 🔘05-07

| 観察記録 **ワークシート** | 年 組 名前 月 日 |

(天気　　)(気温　　℃)

☺学習問題
　夏とくらべて、秋のころの生物はどのように変わっているのだろうか？

予想

観察

授業の流れ ▷▷▷

1 前時の学習を振り返り、問題を見いだす　〈5分〉

・前時で観察したスケッチを黒板に貼る。
・夏に観察したことがどのように変わるのか、途中の変化について話し合う。
・話し合いを通して、疑問点を明確にする。

2 話し合いを通して、根拠のある予想を発想する　〈10分〉

・詳しく観察したい視点を明確にもつ。
・夏の観察までに培った「共通性・多様性」の見方や「関係付け」という考え方を働かせて、根拠のある予想や仮説を発想する。
・生物の変化の過程と気温を関連させて考えるようにする。

1

? → 秋にはどうなるかな？

? → 秋にはどうなるかな？

問題 | 夏とくらべて、秋の生き物はどのように変わっているのだろうか。

2 予想 （例：ヘチマ）

・ヘチマの成長は止まってくきがのびなくなっている。花や実の数も減ってきている。
（理由）3年生でホウセンカを育てた時も、秋のころに葉が少しずつかれていったから。

4 これから調べたいこと（観察計画）（例：ヘチマ）

・自分が育てているヘチマの葉の数やくきの高さを調べたい。
・葉や花のようすをじっくりと観察し、記録する。

---

3 自分の調べている生物を観察する 〈15分〉

・温度計を正しく使い、気温を計測する。
・自分が調べたい植物に印を付けておく。
・デジタルカメラでも記録する。
「夏と秋の違いは何でしょうか」
「何か変わったことはあるでしょうか」
・教師の問いかけによって、子供の気付きを引き出す。

4 今後どんなことを調べたいか発表し、観察計画を立てる 〈15分〉

・自分の調べたいことを明確に持ち、観察計画を立てる。
「次に観察するときは、どんなところが変わっているでしょうか」
・子供の調べたいという意欲を高める。
＊理科の時間以外に観察する際にも、毛虫やハチなどに注意する（特にスズメバチの活動が盛んな時期なので、安全指導を行う）。

第⑮／⑯時

予想したことに着目して観察し、ワークシートに記録する

（本時のねらい）

・観察する視点を決め、自分の選んだ生物を観察し、記録することができる。

（本時の評価）

・動物の活動や植物の成長の変化について、器具を正しく扱いながら、夏との違いをワークシートに分かりやすく記録している。知③

（準備するもの）

・温度計
・虫眼鏡
・デジタルカメラ
・ワークシート 💿05-08
・鉛筆
・色鉛筆
・観察用ボード

ワークシート 💿05-08

```
観察記録 ワークシート        年　組　名前
                                    月　日
（天気　　）（気温　　℃）
😊学習問題
　夏とくらべて、秋の生物はこれからどのように変わっていくのだろうか？
予想


観察


```

（授業の流れ）▷▷▷

1 前時の予想と観察計画を基に、どこに着目して観察するか確認する 〈10分〉

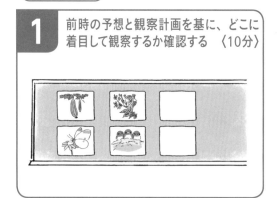

・前時の予想を提示物として残しておくことで、子供たちの予想を共有したり確認したりしやすくする。
・予想を観察の視点とし、何を調べるのか明らかにする。

2 自分の予想を確かめるために、視点を明らかにして観察をする 〈60分〉

・温度計や虫眼鏡などを正しく使う。
・視点をもって観察しているか見取る。天気も記録しておく。
・植物と動物を1種類ずつ記録できるように時間を確保する。

問題 | 夏とくらべて、秋のころの生物はこれからどのように変わっていくのだろうか。

1 予想

・ヘチマの成長は止まってくきが伸びなくなっている。花や実の数も減ってきている

3

児童の観察カードをいくつか提示する

| 観察カード | 観察カード | 観察カード | 観察カード |

4
・どの植物も花の数は減っている。
・葉の色が緑から色が変わっている。
・チョウも幼虫も、見られなくなった。
・バッタやカマキリもあまり見られなくなった。
・たまごも産み付けていたよ。

---

3 観察記録を友達と見合い、差異点や共通点を話し合う　〈10分〉

同じだ！

・夏に見せ合った活動を想起し、学び方の順序を確認して、グループで見せ合う。
・「気付いたことを友達に伝えよう」と呼びかけ、**4**の活動につなげる。
・見せ合う活動が活発に行われていることを称賛し、価値付けをする。

4 グループで話し合った差異点や共通点を発表する　〈10分〉

春・夏と比べて秋の生き物マップはどうかわるかな

・グループで話し合った差異点や共通点をクラス全体で共有し合う。
・発表できた子供や認めている子供を称賛することで、次への活動の意欲をもてるようにする。

第⑰時

秋の生物の特徴を整理し、季節の変化と生物の活動の関係を話し合う

本時のねらい
・季節の変化と生物の活動に関係があることを話し合い、観察したことや考えたことを整理し表現することができる。

本時の評価
・季節の変化と生物の活動との関係について、観察結果を基に考えたことを整理し、表現している。思②

準備するもの
・「秋の生き物マップ」
（イメージ 💿 05-09）
・校内の拡大地図
・色シール
・観察した生き物の写真

「秋の生き物マップ」のイメージ

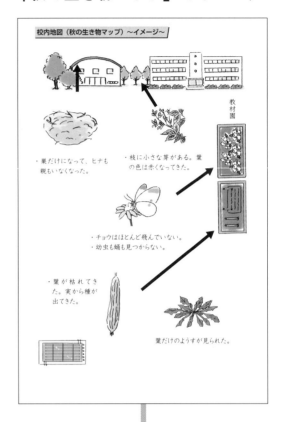

授業の流れ ▷▷▷

| 1 | 本時の問題を確認する 〈5分〉 |

・前時に話し合ったことを想起したり、他にも気付いたことを発表したりする。
・前時に出し合ったこと以外にも気付いたことがあった子供を見取り、紹介する。

| 2 | 「秋の生き物マップ」に整理する 〈25分〉 |

・写真や気付いたことは子供が書きこむのが理想だが、必要に応じて教師が支援する。
・校内地図にまとめることで、「部分と全体」という見方を働かせることに生かす。

問題 | 夏とくらべて、秋のころの生物はこれからどのように変わっていくのだろうか。

3
・夏のころとくらべて、気温が下がっている。
・ヘチマのくきはのびなくなった。
・実の中に種ができた。
・サクラもヘチマもかれてきた。
・タンポポは葉だけになった。
・こん虫のようすを見られなくなった。→たまごが見られるようになった。
・ツバメの巣には、ヒナも親もいなくなった。→あたたかい場所にい動した。

↓

気温が下がってきたから、植物の成長は止まり、動物の活動がへってきた。

結ろん
4 | 秋のころの生き物は夏とくらべての数がへったり、年こしの準備をしたりしている。

3 「秋の生き物マップ」にまとめたことを基に話し合う 〈10分〉

・生き物マップを全体としてとらえ、共通点や差異点をまとめる。
・話し合ったことを、夏と秋の違いが分かるように記録し、冬の生物の観察に生かす。

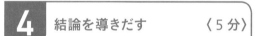

4 結論を導きだす 〈5分〉

・結論を導いたあとに、次の活動への意欲がもてるように、「冬になると、どう変わるかな」と、問いかけておくとよい。

第⑱時

冬になって、生物の様子が変わってきたことを話し合う

本時のねらい

・「秋の生き物マップ」や観察スケッチなどと、冬の外の様子や写真などを見て、秋とどのように変わっているのか話し合い、問題を見いだすことができる。

本時の評価

・秋の生物の様子の観察結果と教室から見た秋の様子について比較し、友達と話し合いながら問題解決しようとしている。態①

準備するもの

・春・夏・秋の生き物マップ
・校内の秋と冬の様子のわかる写真
・春・夏・秋にかいた観察スケッチ（植物と動物の記録をそれぞれつなげておく）。

第⑰時にまとめた
「秋の生き物マップ」
を掲示する

1 気付いたこと

・サクラの木には葉がかれていた。
・ヘチマもかれて、種ができたよ。
・ツバメのすには、もうもどってこないかな。
・カマキリのたまごを見つけたよ。
・こん虫は少なくなった。

授業の流れ ▷▷▷

1 春夏秋の生物の様子を振り返る 〈10分〉

・春・夏・秋の生き物マップを黒板に貼る。
・春・夏・秋の生物の観察スケッチをそれぞれつなげたものを用意し、比較する。
・生物の様子の変化と気温の関係を確認する。
・春から秋の観察記録を基に、グラフを作成すると、気温の変化が捉えやすくなる。

「生き物の様子と気温はどのように変化したかな」

2 冬の生物の様子について、気付いたことや疑問を話し合う 〈10分〉

・冬の写真を提示し、秋の生き物の様子と何が違うか、気付いたことと疑問を明確にしておく。
・子供が継続的に育てている植物や昆虫、巣をつくっているツバメの巣の写真などを季節ごとの様子を撮影しておく。
・子供の成長に応じて、グループで対話できるように経験を積み重ねておく。

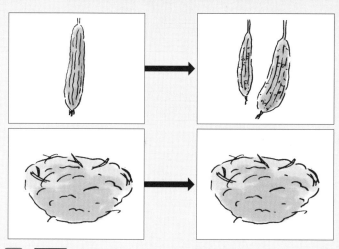

2 疑問

・サクラの木はどんなようすかな。
・ヘチマはまだ、種があるのかな。
・たまごはまだあるのかな。
・こん虫はどこかにもいないのかな。

3 問題

秋と比べて、冬の生き物はどのように変わっているのだろうか。

3 冬の生物の様子について、問題を見いだす　〈10分〉

・子供の疑問や問題をノートに記入する。
・個々の問題を踏まえて、学級全体の問題を見いだす。
「夏から秋と秋から冬では、変化に違いがあるのかな」

4 冬の生物の様子について、予想や仮説をノートに記入する　〈15分〉

・詳しく観察したい視点を明確にもつ。
・次の時間に学級全体で予想や仮説が話し合えるように、これまで培ってきた「共通性・多様性」の見方や「関係付け」という考え方を働かせて、根拠のある予想や仮説をノートに記録しておく。
・机間指導をしながら、生き物の変化の過程と気温を関連させている子供を見取り、称賛する。

第⑲時

自分が観察している生物の変化を予想し、観察計画を立てる

本時のねらい

・秋と比べて冬の生き物がどのように変化していくか、気温と関係付けた根拠のある予想や仮説を発想し、表現することができる。

本時の評価

・秋に比べて、冬の生き物はどのように変わったか、春から夏の様子と気温とを関係付けた根拠のある予想や仮説を発想し、表現している。思①

準備するもの

・温度計
・虫眼鏡
・デジタルカメラ
・ワークシート 🄯 05-10
・鉛筆
・色鉛筆
・観察用ボード

ワークシート 🄯 05-10

観察記録 ワークシート			年　　組　　名前
（天気　　）（気温　　℃）			月　　日

☺学習問題
　秋とくらべて、冬のころの生物はどのように変わっているのだろうか?

予想

観察

授業の流れ ▷▷▷

1 前時の学習を振り返り、問題を見いだす 〈5分〉

・前時で観察したスケッチを黒板に貼る。
・秋に観察したことがどのように変わるのか、途中の変化について話し合う。
・話し合いを通して、疑問点を明確にする。

2 話し合いを通して、根拠のある予想を発想する 〈10分〉

・詳しく観察したい視点を明確にもつ。
・秋の観察までに培った「共通性・多様性」の見方や「関係付け」という考え方を働かせて、根拠のある予想や仮説を発想する。
・生物の変化の過程と気温を関連させて考えるようにする。

1

 ？ ⇒ 冬にはどうなるかな？

 ？ ⇒ 冬にはどうなるかな？

問題 | 秋とくらべて、冬の生き物はどのように変わっているのだろうか。

2 予想

・ヘチマの成長はほとんどかれていると思う。でも、種を作っていると思う。
（理由）3年生でホウセンカを育てた時も、冬のころにかれていたけど、種はずっとついていた。

4 これから調べたいこと（観察計画）

・自分が育てているヘチマの種のようすを調べたい。
・ヘチマ全体のようすをじっくりと観察し、記録する。

---

3 自分の調べている生物を観察する 〈15分〉

・温度計を正しく使い、気温を計測する。
・自分が調べたい植物に印を付けておく。
・デジタルカメラでも記録する。
「秋と冬の違いは何でしょうか」
「何か変わったことはあるでしょうか」
・教師の問いかけによって、子供の気付きを引き出す。

4 今後どんなことを調べたいか発表し、観察計画を立てる 〈15分〉

・自分の調べたいことを明確にもち、観察計画を立てる。
・理科の時間以外でも観察するようにする。
・観察の際には、土の中や枯れ葉の下を観察した後は、必ず、元に戻し、命を大事にすることを指導する。

第⑳／㉑時

予想したことに着目して観察し、ワークシートに記録する

（本時のねらい）

・観察する視点を決め、自分の選んだ生物を観察し、記録することができる。

（本時の評価）

・動物の活動や植物の成長の変化について、1年間で学んだことを次の活動に生かそうとしている。態②

（準備するもの）

・温度計
・虫眼鏡
・デジタルカメラ
・ワークシート 🖸 05-11
・鉛筆
・色鉛筆
・観察用ボード

ワークシート 🖸 05-11

| 観察記録　ワークシート | 年　　組　　名前 |

（天気　晴れ）（気温　8℃）

☺学習問題
　秋と比べて、冬のころの生物はこれからどのように変わっていくのだろうか？

予想

観察

（授業の流れ）▷▷▷

1 前時の予想と観察計画を基に、どこに着目して観察するか確認する 〈10分〉

・前時の予想を提示物として残しておくことで、子供たちの予想を共有したり確認したりしやすくする。

・予想を観察の視点とし、何を調べるのか明らかにする。

2 自分の予想を確かめるために、視点を明らかにして観察をする 〈60分〉

・温度計や虫眼鏡などを正しく使う。

・視点をもって観察しているか見取る。天気も記録しておく。

・植物と動物を1種類ずつ記録できるように時間を確保する。

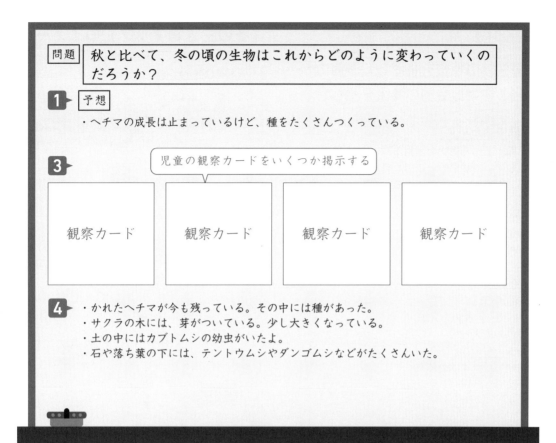

問題 秋と比べて、冬の頃の生物はこれからどのように変わっていくのだろうか?

1 予想
・ヘチマの成長は止まっているけど、種をたくさんつくっている。

3 児童の観察カードをいくつか掲示する

| 観察カード | 観察カード | 観察カード | 観察カード |

4
・かれたヘチマが今も残っている。その中には種があった。
・サクラの木には、芽がついている。少し大きくなっている。
・土の中にはカブトムシの幼虫がいたよ。
・石や落ち葉の下には、テントウムシやダンゴムシなどがたくさんいた。

3 観察記録を友達と見合い、差異点や共通点を話し合う 〈10分〉

種も見つけたよ!

ヘチマの絵うまいね!

・一年間続けてきた活動を想起し、観察記録をグループで見せ合う。
・見せ合う活動が活発に行われたことを称賛し、価値付けをする。

4 グループで話し合った差異点や共通点を発表する 〈10分〉

生き物マップに整理したら、1年間の変化がわかりそうだね

・グループで話し合った差異点や共通点をクラス全体で共有し合う。
・発表できた子供や認めている子供を称賛することで、次への活動の意欲をもてるようにする。

第 ㉒ 時

冬の生物の特徴を整理し、季節の変化と生物の活動の関係を話し合う

(本時のねらい)
・季節の変化と生物の活動に関係があることを話し合い、観察したことや考えたことを整理し、表現することができる。

(本時の評価)
・季節の変化と生物の活動に関係があることを理解している。知① ・ 知②

(準備するもの)
・「冬の生き物マップ」
　（イメージ 💿 05-12）
・校内の拡大地図
・色シール
・観察した生き物の写真

「冬の生き物マップ」のイメージ

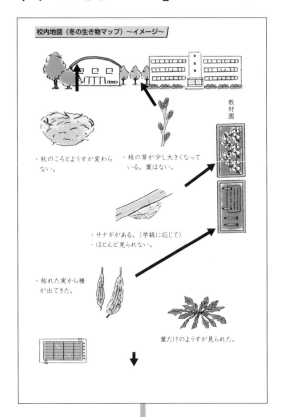

校内地図（冬の生き物マップ）〜イメージ〜

・秋のころとようすが変わらない。

・枝の芽が少し大きくなっている。葉はない。

教材園

・サナギがある。（学級に応じて）
・ほとんど見られない。

・枯れた実から種が出てきた。

葉だけのようすが見られた。

(授業の流れ) ▷▷▷

1　本時の問題を確認する　〈5分〉

・前時に話し合ったことを想起したり、他にも気付いたことを発表したりする。
・前時に出し合ったこと以外にも気付いたことが合った子供を見取り、紹介する。

2　「冬の生き物マップ」に整理する　〈25分〉

・写真や気付いたことは子供が書きこむのが理想だが、最初は教師と丁寧に作業をすることで、学び方を知ることにつながる。
・校内地図にまとめることで、「部分と全体」という見方を働かせ、秋の様子と比較することに生かす。

1 問題

> 秋とくらべて、冬のころの生物はこれからどのように変わっていくのだろうか。

3
・秋のころとくらべて、気温がもっと下がっている。
・ヘチマは葉もくきもかれていた。
・色が変わったヘチマの中には種がたくさんある。 ⎫
・サクラは葉が落ちても、枝に芽をつけている。 ⎭ 冬をこしている。
・こん虫の様子を見られなくなった。
　⇒でも、たまご・よう虫・サナギ・成虫とこん虫によって、すがたがちがう。
　　こん虫によって、すがたはちがうけど、冬をこしている。
・また、あたたかくなると、春の生き物マップのようになる。⇒1年間がくり返される。

4 結ろん

> 冬のころの生き物は、秋と比べての活動や成長がにぶくなり、それぞれにてきしたすがたでえっ冬している。1年間の季節の変化に応じて、生物はそれぞれの季節にてきしたすごし方をしている。

---

3 1年間の気温のグラフと冬の生き物マップを基に話し合う 〈10分〉

・生き物マップを全体としてとらえ、共通点や差異点をまとめる。
・第18時で作成した春から秋の気温のグラフに、冬の気温も加えて、1年間のグラフを完成させる。
・1年間の気温の変化と生物の様子の関係について話し合う。

4 結論を導きだす 〈5分〉

生き物マップに整理したら、一年間の季節ごとの生き物の様子が分かりやすい

また春になると、生き物が増えてくるね

・結論を導いたあとに、次の活動への意欲がもてるように、「春になると、どう変わるかな」と、問いかける。
・自分の学び方について、1年間の学習を振り返る。

6 雨水の行方と地面の様子　B⑶　6時間扱い

単元の目標

　水の流れ方やしみ込み方に着目して、それらと地面の傾きや土の粒の大きさとを関係付けて、雨水の行方と地面の様子を調べる活動を通して、それらについての理解を図り、観察、実験などに関する技能を身に付けるとともに、主に既習の内容や生活経験を基に、根拠のある予想や仮説を発想する力や主体的に問題解決しようとする態度を育成する。

評価規準

知識・技能	思考・判断・表現	主体的に学習に取り組む態度
①水は、高い場所から低い場所へと流れて集まることを理解している。 ②水のしみ込み方は、土の粒の大きさによって違いがあることを理解している。 ③雨水の行方と地面の様子について、器具や機器などを正しく扱いながら調べ、それらの過程や得られた結果を分かりやすく記録している。	①雨水の行方と地面の様子について、既習の内容や生活経験を基に、根拠のある予想や仮説を発想し、表現するなどして問題解決している。 ②雨水の行方と地面の様子について、観察、実験などを行い、得られた結果を基に考察し、表現するなどして問題解決している。	①雨水の行方と地面の様子についての事物・現象に進んで関わり、他者と関わりながら問題解決しようとしている。 ②雨水の行方と地面の様子について学んだことを学習や生活に生かそうとしている。

単元の概要

　第1次では、雨が降っている校庭の観察を通して、水は高いところから低いところへ流れていき、一番低いところに水たまりができることを捉える。

　第2次では、雨上がりの校庭と砂場の様子を比較し、水のしみ込み方の違いに着目するようにする。既習の内容や生活経験を基に、根拠のある予想を立てて問題解決に取り組み、水のしみ込み方は土の粒の大きさによって違いがあることを捉える。

指導のポイント

⑴本単元で働かせる「見方・考え方」

　雨水の行方と地面の様子について調べる活動を通して、「時間的・空間的」な見方を働かせ、「地面には高いところと低いところがあるのか」といった視点（空間的）や、「水がしみ込む速さには違いがあるのではないか」といった視点（時間的）をもって対象に関わり、雨水の行方と地面の様子を捉えるようにする。その際、雨水の流れる方向と地面の傾き、水のしみ込み方と土の粒の大きさについて、第4学年で重視される「関係付け」という考え方を用いて、雨が降った時の校庭における雨水の行方や地面の様子をまとめるようにする。

⑵本単元における「主体的・対話的で深い学び」

　平らだと思っていた校庭の地面も、雨の日の様子を見てみると流れていたり水たまりができていたりと、予想以上にでこぼこしていたなど新たな発見を見つけることができる。その気付きや疑問の中から「地面の傾き」や「粒の大きさ」などに着目して問題を設定していくための工夫が「主体的・対話的で深い学び」につながっていく。

指導計画（全6時間）　詳細の指導計画は 🔘 06-01参照

次	時	主な学習活動	評価
1	1	○雨が降っているときの校庭の様子を見て水の流れ方やしみ込み方について気付いたことを話し合う。 ○地面に降った雨水は、どのように流れて、集まるのか、予想や仮説をもつ。	（思①）
	2	○水の流れ方と地面の傾きの関係を調べる方法を話し合い、観察する。 **観察1** 観察する視点を確認し、地面の傾きを観察し、記録する。	思①
	3	○校庭の水の流れ方の記録を整理する。 ○水の流れ方と校庭の傾きの関係について結果から分かったことを考え、発表する。 ○地面に降った雨水は、高いところから低いところへ流れていき、一番低いところに集まるという結論をまとめる。	知①・思②
2	4	○雨が降った後の、校庭と砂場の地面の様子について気付いたことを話し合う。	態①
		問題：土のつぶの大きさによって、水のしみこみ方にちがいがあるのだろうか。	
		○水のしみ込み方について、予想や仮説をもつ。	
	5	○水の流れ方と地面の傾きの関係を調べる方法を話し合い、実験する。 **実験1** 土の粒の大きさごとに水を流し、しみ込む時間を測定する。	知③
	6	○土の粒の大きさによる水のしみ込み方の結果を整理する。 ○砂や土などの粒の大きさと水のしみ込み方の関係について、結果から分かったことを考え、発表する。 ○まとめをする。	知②・態②
		結論：水のしみこみ方は、土のつぶの大きさによってちがう。土のつぶが大きいほうが、水はしみこみやすい。	

第①時

雨が降っている校庭を見て気付いたことから、問題を見いだす

本時のねらい

・雨が降っている校庭の様子について、水の流れ方や水が集まっているところに着目し、気付いたことから問題を見いだし、表現することができる。

本時の評価

・雨水の行方と地面の様子について、校庭の様子を見たり、気付きや疑問を話し合ったりしながら問題を見いだし、表現している。
（思①）

準備するもの

・鉛筆、観察用ボード
・タブレット型端末（デジタルカメラ）

---

1 めあて

雨の日の校庭について、気付いたことから問題をつくろう。

窓から見ると…
　・水たまりができている
　・川みたいな流れができている

授業の流れ ▷▷▷

1 雨の日の地面の様子を想起し、窓から校庭の様子を見る〈10分〉

川みたいに流れてるね。

水たまりができてるね。

・生活経験を基に雨の日の校庭の様子を想起する。
・上の階から校庭の様子を見て、水たまりや水の流れに着目できるようにする。
・水たまりや水の流れを間近で調べる目的意識をもたせ、校庭観察の目的を確認する。

「雨の日の校庭の地面の様子はどうなっているか調べましょう」

2 雨が降っている校庭をくわしく見る〈20分〉

水の量を増やすと溶ける量も増えるね

・あらかじめ、子供に見させたい場所を教師が把握しておく。

「地面の様子や水の様子について、気付いたことや疑問に思ったことを見つけましょう」

・傘をさしながら記録することは難しいため、記録する場を校舎内で別に用意する。
・気付いたことを言葉や文章だけでなく、タブレット型端末でも撮影・記録する。

2 校庭をくわしく見るポイント

水の流れ方や水が集まっているところについて見る

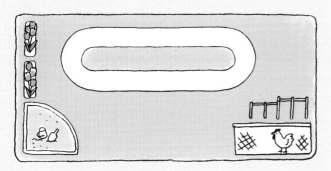

3 気付いたこと

水の流れ方

・川のように水が流れていたね
・何本も川ができていたね
・水たまりに流れていたよ
　→向きがある？

水が集まっているところ

・鉄ぼうの下に集まっていたよ
　→へこんでいた
・校庭のへこんでいるところに
　水たまりができていた

4 問題

地面に降った雨水は、どのように流れて、集まるのだろうか。

---

3 水の流れ方やしみ込み方について
気付いたことを話し合う　〈10分〉

「校庭で見つけたことを発表しましょう」

・教室に戻り、タブレット型端末やデジタルカメラで撮影した写真を提示しながら、気付いたことを整理する。
・水の流れ方や地面の様子について話し合う。
・子供の気付きは視点ごとに整理して板書する。

4 水の流れ方について
問題を設定する　　　〈5分〉

・板書に書いたことから「流れる向き」と「地面の様子」を取り出し、その関係に問題を見いだせるようにする。
「地面に降った雨水は、どのように流れて、集まるのだろうか」

第 ② 時

水の流れ方と地面の傾きの関係について予想し、観察する

本時のねらい
・水の流れ方について、前時の校庭の観察や生活経験を基に、根拠のある予想や仮説を発想し、表現することができる。

本時の評価
・水の流れ方について、前時の校庭の観察や生活経験を基に、根拠のある予想や仮説を発想し、ノートに表現している。思①

準備するもの
・窓から見た校庭の様子の写真
・水たまりアップの写真
・ビー玉
・工作用紙でつくったとい
・結果を書く表

問題

地面に降った雨水は、どのように流れて、集まるのだろうか。

雨が降る → ？ → 水たまり

流れる向き
へこんでいた

写真を掲示する

1 予想

2 ・雨水は、地面のかたむいている方へ流れていくと思う
・水たまりは、他の地面よりも低くなっているから、そこに向かって水が集まると思う

地面のかたむきを調べる

授業の流れ ▷▷▷

1 前時の観察を振り返る 〈5分〉

雨が降ったら、川ができていたね

どんなところに集まるのかな。

・前時に見た校庭の様子の写真を問題と一緒に提示する。

「雨水は、どのようにして水たまりまで行くのでしょうか」

2 水の流れ方と地面の傾きの関係について予想し発表する 〈15分〉

・雨が降っている時の校庭の様子を根拠に、水の流れ方について「地面の傾き」に着目して予想や仮説を発想する。
・前時の活動時に撮影した校庭の地面の写真や動画を示してもよい。
・地面の傾きに着目している子供の表現を意図的に取り上げながら価値付けする。

3 方法

・地面のかたむきを調べる道具

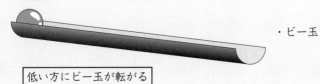

・ビー玉

低い方にビー玉が転がる

4 観察

場所	雨が降っている時	結果
鉄棒の下	水たまりができていた。	
花壇前の校庭	水が流れていた。	

3 調べる方法を話し合う　〈5分〉

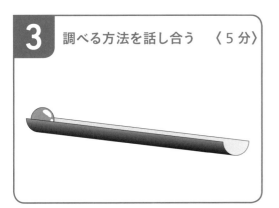

・地面の傾きを調べる目的を確認する。
・地面の傾きを調べる必要感をもたせた上で、ビー玉の転がり方で調べる方法を知る。
・結果の見通しとして、ビー玉が転がった方向が低い方であることをおさえる。

4 校庭の地面の傾きを観察する　〈20分〉

・雨が降っていたときに、水が流れていたり水たまりができていたりした場所の地面の傾きを調べる。
・結果は、どの方向にビー玉が転がったか、次時に伝えられるように記録する。

第③時

水の流れ方と地面の傾きの関係についてまとめる

（本時のねらい）
・実験の結果を整理し、水の流れ方と地面の傾きの関係をまとめることができる。

（本時の評価）
・水は、高い場所から低い場所へ流れ、集まることを理解している。知①
・実験結果を基に、水の流れ方と地面の傾きについて考察し、表現している。思②

（準備するもの）
・窓から見た校庭の様子の写真
・水たまりアップの写真
・第①時で用いた校庭の簡単な地図
・タブレット型端末（デジタルカメラ）

問題	地面に降った雨水は、

1 結果

調べた場所	雨が降っている時	結果
鉄ぼうの下	水たまりができていた。	水たまりの方に向かってビー玉が転がった。
花だん前の校庭	水が流れていた。	水が流れていた方向に向かってビー玉が転がった。

（授業の流れ）▷▷▷

1 記録を整理する 〈15分〉

・タブレット型端末に撮影した写真などを用いて、前時の活動を想起する。
・調べた場所ごとに、ビー玉の転がる方向について整理する。
・校庭の地図や水が流れたり、水たまりができたりしている場所の写真を掲示し、それらと関係付けながら結果を整理する。

2 水の流れる向きと地面の傾きの向きの関係を捉える 〈5分〉

・結果から、水が流れた向きにビー玉が転がったことや、水たまりに向かって水が集まっていることなど、水が流れる向きと地面の傾きを関係付けられるよう板書を強調する。

どのように流れて、集まるのだろうか。

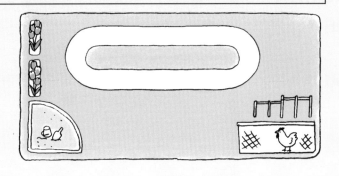

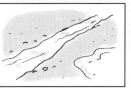

写真を
掲示する

3 | 考えたこと | ・雨水は、地面のかたむいている方へ
流れていった。
→ 高い場所から低い場所へ流れた。

4 | 結ろん | 地面に降った雨水は、高いところから低いところへ流れていき、
一番低いところに集まる。

---

3 予想を振り返って考察する 〈10分〉

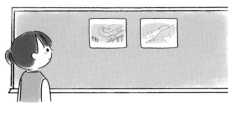

・結果を基に、自分の予想や仮説があっていた
か振り返る。

「結果を基に、自分の予想や仮説があっていた
か確かめましょう」

・ビー玉が転がった方向（地面の傾き）をと水
の流れを関係付けて考察できるようにする。

4 水の流れ方についてまとめる 〈15分〉

・問題の答えとなる結論を、考えたことを基に
学級で話し合い、まとめる。

・校庭の中で水たまりができていた地面に着目
させ、次時以降の学習につなげる。

・雨天時に再度校庭に行き、学習したことを基
に雨水の流れ方を観察する時間を設けるとよ
い。

第④時

校庭と砂場の様子を比べ、水のしみ込み方についての問題を見いだす

（本時のねらい）
・雨が降った後の地面の様子の違いは、粒の大きさによる水のしみ込み方に要因があると考え、問題を見いだすことができる。

（本時の評価）
・水のしみ込み方についての学習に進んで関わり、友達と話し合いながら問題解決しようとしている。態①

（準備するもの）
・雨上がりの校庭（水たまりあり）と砂場（水たまりなし）の地面の写真
・虫眼鏡　　　　　・学習カード
・校庭の土　　　　・砂場の砂
・双眼実体顕微鏡　・スライドグラス

めあて

雨上がりの校庭と砂場の

気付いたこと

1 ・水たまりができている。
・川のように水が流れている。

・水たまりがない。
・しみこんでいる？

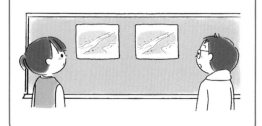

1 雨上がりの校庭と砂場の地面の様子を比べる　〈15分〉

・雨上がりの校庭（水たまりあり）と砂場（水たまりなし）の写真を提示する。

「雨上がりの校庭と砂場の様子を比べて、似ているところと違うところを見つけましょう」

・水たまりの有無に着目して、地面の様子を時間的・空間的な視点で捉えられるようにする。

2 校庭と砂場で、地面の様子が違う要因について話し合う 〈5分〉

「校庭と砂場では、どうして様子が違うのでしょうか」

・校庭と砂場で、違うところだけでなく似ているところも発表し共有する。

・板書で整理しながら、地面の様子が違う要因に目を向けられるようにする。

・校庭の土と砂場の砂を提示し、それぞれの粒の違いに着目できるようにする。

様子をくらべて、気付いたことから問題をつくろう。

写真を掲示する

2 ちがいは何？

砂と土で
粒の大きさが
ちがう

3 つぶの様子
校庭の土
・サラサラしている
・粒の大きさが小さい

水がしみ込む様子と
関係がある？

砂場の砂
・ザラザラしている
・粒の大きさが大きい

4 問題
土のつぶの大きさによって、水のしみこみ方に
ちがいがあるのだろうか。

3 校庭の土と砂場の砂を触ったり、虫
眼鏡で観察したりして比べる〈15分〉

・班ごとに校庭の土と砂場の砂を配付する。
・触ったり、虫眼鏡で見たりして、その粒の大
きさの違いを調べる。
・事前にスライドガラスに土と砂の粒を乗せて
おき、顕微鏡に実物投影機をつないで提示し
てもよい。

4 土の粒としみ込み方の関係に
ついて問題を見いだす 〈10分〉

・「粒の大きさ」と「水がしみ込む様子」を強
調するなど、地面の様子と粒の様子を関係付
けられるよう板書を整理する。
・粒の大きさと水のしみ込み方の関係性の有無
をたずねたり、粒の間を水が通ることをイ
メージさせたりしながら、学級の問題を設定
する。

第⑤時

水のしみ込み方の違いを
予想し、実験する

（本時のねらい）
・水のしみ込み方について、土の粒の大きさによってどのような違いがあるか予想や仮説を表現し、実験を通して結果を記録することができる。

（本時の評価）
・水のしみ込み方についての実験結果をノートに分かりやすく記録している。知③

（準備するもの）
・プラカップ（穴あき）
・土と砂
・ビーカー
・三脚
・ストップウォッチ　　　・タブレット型端末
・結果の表（個人）　　　　（デジタルカメラ）
・結果の表（グループ）

1　問題

> 土のつぶの大きさによって、水のしみこみ方にちがいがあるのだろうか。

2　予想

・しみ込む速さは粒の大きさによって変わる。
　→校庭に<u>水たまりがあった。</u>
　　　→<u>校庭の土の粒</u>はしみ込みにくい。
　　　（粒が小さい）

・<u>粒が大きい方</u>が速く水がしみ込む。
　　（砂場）
　→砂場には<u>水たまりがない</u>
　　　→<u>水が速くしみ込んだ</u>から。

（授業の流れ）▷▷▷

1　水のしみ込み方と土の粒の大きさの
　　　関係について予想を書く　〈10分〉

・前時に設定した問題を確認する。
・雨上がりの校庭の様子と前時に観察した「粒の大きさ」とを関係付けて、予想や仮説を表現できるようにする。

「粒の大きさによって、水のしみ込み方にどんな違いがあるのでしょうか？」

2　予想したことを発表する　〈10分〉

・表現した予想や仮説を発表する。
・「土の粒の大きさ」と「校庭の様子」や「水のしみ込み方」の関係に着目できるよう、板書を強調する。

3 ▸ 方法 校庭や砂場から土や砂をもってきて、しみ込み方を比べる

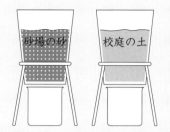

砂場の砂　校庭の土

・同じ量の土と砂を入れる
・同じ量の水を入れ、全てしみ込むまでの時間を計る
・各グループ2回ずつ行う。
　　　　　　　→どうして？

必要な道具
プラカップ2つ、土と砂、ビーカー、
三きゃく、ストップウォッチ、タブレット

4 ▸ 結果

○班	校庭の土	砂場の砂
1回目	秒	秒
2回目	秒	秒

○班	校庭の土	砂場の砂
1回目	秒	秒
2回目	秒	秒

○班	校庭の土	砂場の砂
1回目	秒	秒
2回目	秒	秒

○班	校庭の土	砂場の砂
1回目	秒	秒
2回目	秒	秒

○班	校庭の土	砂場の砂
1回目	秒	秒
2回目	秒	秒

○班	校庭の土	砂場の砂
1回目	秒	秒
2回目	秒	秒

3 調べる方法を話し合う　〈10分〉

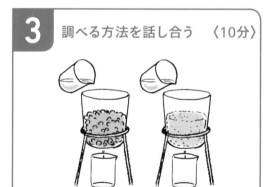

・雨が降っている校庭をモデル化して実験を行うことを確認する。
・実験で用いる装置が、自然の何に当たるのか話し合いながら準備を進める。
・プラカップには押し込むように砂や土を入れるとよい。
・カップに入れる土や砂の量や、流す水の量など、条件に気を付けて実験の準備をする。

4 実験をして、結果を記録する　〈15分〉

・水を流す役、時間を計る役など、役割分担を決める。
・実験の様子をタブレット型コンピュータ等で撮影しておくことで、実験後も見返すことができる。
・結果は個人の表に書くとともに、グループの表にも書き、黒板に掲示する。

第 ⑥ 時

結果を整理し、粒の大きさと水のしみ込み方の関係をまとめる

本時のねらい
・実験の結果を整理し、土の粒の大きさと水の
　しみ込み方の関係を理解することができる。

本時の評価
・水のしみ込み方は、土の粒の大きさによって
　違いがあることを理解している。知②
・雨水の行方と地面の様子について学んだこと
　を学習し生活に生かそうとしている。態②

準備するもの
・前時の結果の表
・校庭や砂場の写真

問題

土のつぶの大きさによって、水のしみこみ方にちがいがあるのだろうか。

 結果

○班	校庭の土	砂場の砂
1回目	秒	秒
2回目	秒	秒

○班	校庭の土	砂場の砂
1回目	秒	秒
2回目	秒	秒

○班	校庭の土	砂場の砂
1回目	秒	秒
2回目	秒	秒

○班	校庭の土	砂場の砂
1回目	秒	秒
2回目	秒	秒

○班	校庭の土	砂場の砂
1回目	秒	秒
2回目	秒	秒

○班	校庭の土	砂場の砂
1回目	秒	秒
2回目	秒	秒

授業の流れ ▷▷▷

1 実験結果を発表する 〈10分〉

・水がしみ込むまでにかかった時間を班ごとに
　発表する。

「他の班の結果を見て、どの班にも共通してい
るところはありますか」

・どの班も砂場の砂の方がしみ込む時間が短い
　ことをおさえる。

**2 水のしみ込み方と粒の大きさの
　関係を捉える 〈5分〉**

・砂と土の粒の大きさを提示し、水のしみ込み
　方の結果と関係付ける。

「粒の大きさと水のしみ込み方には、関係があ
りそうですか」

2

砂場の砂…しみ込み方　速い
校庭の土…しみ込み方　遅い

砂場の砂…粒が大きい
校庭の土…粒が小さい

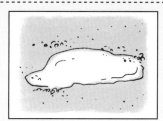
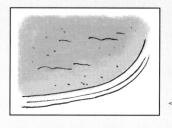

写真を掲示する

3 考えたこと

・つぶが大きい砂の方が、しみ込む速さが速い。
　→砂場の砂は、しみ込む速さが速いから水がしみ込んでいき、水たまりができていなかった。

・つぶが小さい土の方が、しみ込む速さが遅い。
　→校庭の土は、しみ込む速さが遅いから水たまりができていた。

4 結ろん

水のしみこみ方は、土のつぶの大きさによってちがう。
土のつぶが大きいほうが、水はしみこみやすい。

---

3 予想を振り返って考察する　〈15分〉

実験結果　　校庭の様子

・結果を基に、粒の大きさと水のしみ込み方の関係について考える
・実験装置のスケールだけでなく、実際の校庭や砂場に適用して考えるよう助言する。

4 水のしみ込み方について結論をまとめる　〈15分〉

・考えたことを基に学級で話し合う。
・粒の大きさによって水のしみ込み方に違いがあり、粒が大きい方がしみ込みやすいことを結論としてまとめる。
・校庭の水たまりができていた場所とその地面の様子を想起することで、学んだことと日常生活を関係付けられるようにする。

7 天気の様子 B⑷ (11時間扱い)

単元の目標

　気温や水の行方に着目して、それらと天気の様子や水の状態変化とを関係付けて、天気や自然界の水の様子を調べる活動を通して、それらについての理解を図り、観察、実験などに関する技能を身に付けるとともに、主に既習の内容や生活経験を基に、根拠のある予想や仮説を発想する力や主体的に問題解決しようとする態度を育成する。

評価規準

知識・技能	思考・判断・表現	主体的に学習に取り組む態度
①天気によって１日の気温の変化の仕方に違いがあることを理解している。 ②水は、水面や地面などから蒸発し、水蒸気になって空気中に含まれていくこと。また、空気中の水蒸気は、結露して再び水になって現れることがあることを理解している。 ③天気や自然界の水の様子について、器具や機器などを正しく扱いながら調べ、それらの過程や得られた結果を分かりやすく記録している。	①天気や自然界の水の様子について、既習の内容や生活経験を基に、根拠のある予想や仮説を発想し、表現するなどして問題解決している。 ②天気や自然界の水の様子について、観察、実験などを行い、得られた結果を基に考察し、表現するなどして問題解決している。	①天気や自然界の水の様子についての事物・現象に進んで関わり、他者と関わりながら問題解決しようとしている。 ②天気や自然界の水の様子について学んだことを学習や生活に生かそうとしている。

単元の概要

　本単元は、大きく二つの次に分かれている。第１次では、普段意識せずに過ごしている天気と１日の気温の変化とを関係付けて考えることができるようにする。そのために、算数科で学習した「折れ線グラフ」を活用し、朝から夕方までの時間変化に着目しながら、天気と気温の変化との関係性を科学的に理解することができるようにする。また、１時間ごとに気温を測定する活動では、教室の近くに温度計を設置したり、学級やグループ内で役割分担をしたりするなど、友達と協力して継続的に気温を記録することができる場を設定する。その際、粘り強く観測に取り組んでいる子供を称賛することを心掛けたい。

　第２次では、自然界で起きている水の循環を理解することができるようにする。そのために「(2)金属、水、空気と温度」で学習した水の三態変化を根拠として、予想や考察をすることができるよう、子供一人ひとりが既習の内容を想起できるような環境づくりを行う。学習後には、窓ガラスの内側の曇りや冷えた牛乳パックにつく水滴など、子供たちの身の回りで見られる自然事象と関係付ける機会を設定し、学習したことを生活に生かすことができるようにする。

⑴本単元で働かせる「見方・考え方」

　第1次では、主に「時間的」な見方を働かせて、天気と1日の気温の変化との関係について理解を図る。そのために、導入時に朝（登校時）、昼（昼休み）、夕方（下校時）の写真を提示し、時間が経つにつれて子供たちの服装や体の変化（朝より昼の方が汗をかくなど）があることに着目して、天気と気温の変化との関係に対する予想や仮説を発想できるようにする。第2次では、主に「空間的」な見方や「実体的」な見方を働かせて、自然界の水の行方について理解を図る。そのために、自然蒸発による水の行方をイメージ図で表す機会を設定し、空間的な広がりに着目して考えられるようにする。また、第4学年で重視したい「関係付け」の考え方を働かせて、予想や考察をすることができるように、既習事項を振り返るための掲示やICTの活用をしたり、複数の結果を基に考察できるような板書の工夫をしたりする。

⑵本単元における「主体的・対話的で深い学び」

　子供にとって普段当たり前のように見ている自然事象であるため、子供の身の回りにある現象を子供自身が意識化できるような事象提示を行うことにより、「調べてみたい」という思いを引き出すことができるだろう。また、一単位時間の問題解決の後、「前に解決した○○と同じところはどこかな」「□□（得られた結論）のようなことは、皆さんの身の回りにも見られるかな」などと投げかけ、そこで得た結論と既習の内容や身の回りの現象とを関係付けて、学習したことを体系化できるようにしたい。

指導計画（全11時間）　詳細の指導計画は 💿 07−01参照

次	時	主な学習活動	評価
1	1・2	○晴れの日の1日の様子を示した写真から、時間ごとにどのような変化があるかを話し合う。 ○晴れの日の1日の気温の変化について予想し、検証方法を立案する。 **観測1** 晴れの日の1日の気温を記録する。	(思①)・(知③)
	3	○晴れの日と気温の変化との関係について考え、発表する。	(思②)
	4	○くもりや雨の日の1日の気温の変化について予想し、検証方法を立案する。 **観測2** くもりや雨の日の1日の気温を記録する。	思①
	5	○くもりや雨の日の1日の気温の変化について考え、発表する。	知①
2	6	○雨のときと雨上がりのときの昇降口前の違いについて話し合う。	態①
	7	**実験1** 水たまりに覆いをしたものとしていないものを比較し、その変化の様子を調べる。	思②
	8	○実験結果を整理し、水の行方について考え、発表する。 ○蒸発によって空気中に出ていった水蒸気について、予想や仮説を発想し、検証方法を立案する。	(思①)
	9	**実験2** 立案した複数の方法を基に、空気中の水蒸気の状態変化について調べる。	知③
	10	○空気中の水蒸気の様子について考え、結論を基に、日常生活の事象を見直す。	態②
	11	○これまでの学習を振り返る。	知②

第①／②時

晴れの日の1日の気温の
変化について話し合う

（本時のねらい）
・晴れの日の1日の気温の変化について話し
合う活動を通して、根拠のある予想や仮説を
発想することができるようにする。

（本時の評価）
・晴れの日の1日の気温の変化について、根
拠のある予想や仮説を発想し、表現してい
る。（思①）
・天気と気温の変化について、温度計などを正
しく扱いながら調べ、それらの過程や得られ
た結果を分かりやすく記録している。（知③）

（準備するもの）
・晴れの日の登校時、昼休み、下校時の子供の
活動写真
・温度計
・自動記録温度計（必要に応じて）

月　日

登校時（朝）

1-1

写真を
掲示する

2　予想

○朝と夕方はすずしく、昼は暑い
・朝夕と昼の服そうがちがうから

比べてみる　　日なたと日かげの
　　　　　　　時に調べた

・朝夕は昼よりも、日光が当たっていない
から

（授業の流れ）▷▷▷

1　3枚の写真から読み取れること
を話し合う　　〈25分〉

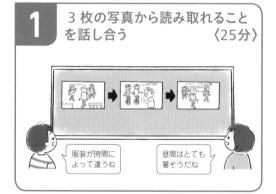

服装が時間に
よって違うね

昼間はとても
暑そうだね

・朝、昼、夕方の写真を比較し、様子の違いに
気付き、その理由ついて考える。　1-1
・写真は、1日中晴れで、同じ場所・違う時
間にする。
「3枚の中で、一番暑そうなのはどれかな」
「朝と夕方は、昼よりも暑いのかな」
・様子の違いが気温と関係していることから、
気温の変化について問題を見いだす。　1-2

2　晴れの日の1日の気温の変わり
方について予想する　　〈20分〉

3年生の日なたと日かげの学習で、
日なたの方が、地面が温かいから…

ぼくは暑くなると半袖になりたくなる
から、昼間が一番暑いはずだよ

・予想を立てる際は、写真から得られる情報や
生活経験、既習事項を根拠にして考える。
「どうしてそう考えたのですか」
・予想を述べる際は、根拠を明確にして述べ
る。
・3年生の日なたと日かげの学習（既習の内
容）や暑くなると薄着になる経験（生活経
験）等が根拠として挙げられる。

1-2 問題

晴れの日の1日の気温は、どのように 変わっているのだろうか。

昼休み（昼）　　　　　　　　　　　下校時（夕方）

3 方法

《温度計を使った気温のはかり方》
◇温度計に日光を当てない
◇温度計を目の高さに合わせてはかる
◇風通しのよいところではかる

4

【できたら○】
（　　）
（　　）

（　　）

---

3 気温の変わり方を調べる方法を 立案する　　　　　　　　〈15分〉

温度はどうやって記録しようかな

・3年生で使った温度計を使うと、気温を測ることができることを確認する。
・気温をどのように記録していくと、問題を解決することができるかを考え、記録の取り方を工夫する。
「温度計を使った気温の測り方を確認します」
・正しい図り方を確認する。

4 温度計を使った気温の測り方を 確かめる　　　　　　　　〈30分〉

・一人一本温度計を使って、気温を測ってみる。
・ペアで確認したことを守って測ることができているかを確かめ合う。
「正しく気温を測ることができた人は、それぞれの項目に○を付けましょう」
・ペアから評価を聞き、○を付けることで使えているかどうかを確認する。

第③時

晴れと1日の気温の変化との関係について考える

（本時のねらい）

・晴れの日の1日の気温の変化について話し合う活動を通して、観測結果を基に自分の考えを表現することができる。

（本時の評価）

・天気と気温の変化について，得られた結果を基に考察し，表現するなどして問題解決している。（思②）

（準備するもの）

・記録用紙（各班1枚）🔵 07-02
・グラフ用紙（児童用・黒板用）🔵 07-03

ワークシート 💿 07-02、03

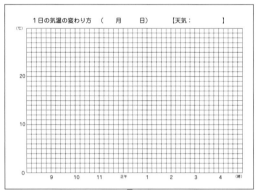

（授業の流れ）▷▷▷

1 解決する問題を確認する 〈5分〉

・前時に自分がもった予想や観察記録を確認することを通して、本時の問題を確認する。

「みなさんは今、どんな問題を解決していましたか」

「自分がどんな予想をもっていたか覚えていますか」

2 観測結果を整理する 〈15分〉

どのようにすれば、結果が見やすくなるかな。

変化を見やすくするには…

・結果を視覚的に捉えることができる表し方について考える。

「どのようにすれば、結果が見やすくなるかな」

・算数科で学習した「折れ線グラフ」を活用することで、変化を捉えやすくなることを確認する。

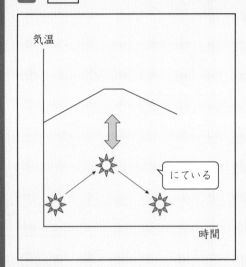

1 問題

晴れの日の1日の気温は、
どのように変わっているのだろうか。

2 結果

気温

にている

時間

3 考察

○朝からだんだん気温が上がり、夕方にか
け下がっている。
→折れ線グラフにすると分かりやすい。
○お昼頃は太陽が高い所にあるから、一番
気温が高くなっている。
○気温の変化と太陽の動きがにている。

結ろん

晴れの日の1日の気温は、朝から
昼にかけて上がり、昼すぎに一番
高く、夕方にかけて下がっていく。

3 結果を基に、天気と気温の変化との関係について話し合う　〈15分〉

・整理した結果を見て、天気と気温の変化との
関係について考えたことを話し合う。

「この結果から、問題に対してどのようなこと
が考えられますか」

・3年の「太陽の動き」で学習したことと観
測結果とを関係付けて説明することが考えら
れる。

4 問題解決の過程を振り返り、次時の学習を見通す　〈10分〉

・問題解決の過程について「分かったこと」
「調べ方のよさ・課題」「新たな疑問」などを
視点として振り返り、ノートに記述する。

「これまでを振り返って気付いたことや疑問を
ノートに書いてみましょう」

・互いの振り返りを発表し合うことで、友達の
気付きや見方・考え方のよさに触れる。

第④時

くもりや雨の日の1日の気温の変化について話し合う

本時のねらい
・くもりや雨の日の1日の気温の変化について話し合う活動を通して、根拠のある予想や仮説を発想することができる。

本時の評価
・くもりや雨の日の1日の気温の変化について、根拠のある予想や仮説を発想し、表現している。思①

準備するもの
・くもりの日の登校時、昼休み、下校時の子供の活動写真
・晴れの日の気温の変化を表したグラフ（前時に作成したもの）

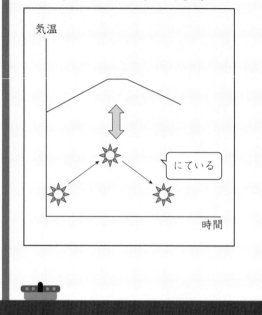

授業の流れ ▷▷▷

1	写真から読み取れることを話し合う 〈5分〉

・晴れの日の時と同様、くもりの日の朝、昼、夕方の写真を比較し、気付いたことを話し合う。
・晴れの日の時の写真との違いにも触れながら、様子の違いについて着目する。

2	解決したい問題を見いだす 〈10分〉

・晴れの日の気温の変化のグラフを見て、くもりや雨の日の気温の変わり方について考える。 `2-1`

「晴れの日は、気温の変化のグラフが山なりでしたね」

・3枚の写真や晴れの日のグラフを見て気付いたことから、くもりや雨の日の1日の気温の変化について問題を見いだす。 `2-2`

2-2 問題

くもりや雨の日の1日の気温は、どのように変わっているのだろうか。

1 登校時（朝）　　　昼休み（昼）

写真を掲示する　　下校時（夕方）

3 予想

〇1日の中で気温はあまり変わらない
・1日中、長袖を着ている人が多いから
・晴れの日とはちがって、太陽が出ていないから

〇晴れの日と同じような変わり方をする
・雨の日はじめじめして暑い時間が長いから

4 方法

◎温度計をいつも同じ高さにして計る
・百葉箱に取り付ける
・毎回同じ人が計る

---

3 くもりや雨の日の1日の気温の変わり方について予想する　〈15分〉

写真を見ると、晴れの時とは違って、1日中長袖を着ている人が多いから…

くもりや雨の日は太陽が出ていないから、気温は上がらないかもしれないね。

・予想を立てる際は、写真や晴れの日のグラフから得られる情報、生活経験、既習事項を根拠にして考える。

「どうしてそう考えたのですか」

・予想を述べる際は、根拠を明確にして述べるように促す。

・晴れの日の写真との違いや日光の有無などが予想の根拠として挙げられる。

4 気温の変わり方を調べる方法を立案する　〈15分〉

前回の調べ方から、もっとこうした方がよいというアイデアはありますか。

百葉箱に取り付けておくと、いつも同じ高さ・場所で計れます。

・前時の振り返りを基に、晴れの日の気温の変わり方を調べる方法をどう改善するか考える。

「前回の調べ方で、より正確なデータを集めるためにどんな工夫ができますか」

・「風通しのよい場所で計る」「同じ高さで計る」など、温度計の正しい使い方に基づいた改善点が挙げられる。

第⑤時

くもりや雨と1日の気温の変化との関係について考える

本時のねらい

・くもりと雨の日の1日の気温の変化について話し合う活動を通してくもりと雨の日の1日の気温は、晴れの日とは違ってほとんど変化がないことを理解する。

本時の評価

・くもりと雨の日の1日の気温は、晴れの日とは違ってほとんど変化がないことを理解している。知①

準備するもの

・記録用紙（各班1枚ずつ 計2枚）
　💿 07-02
・グラフ用紙（児童用・黒板用）💿 07-03
・晴れの日の気温の変化のグラフ

ワークシート 💿 07-02、03

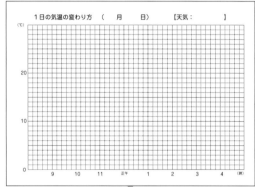

授業の流れ ▷▷▷

1 解決する問題を確認する〈5分〉

・前時に自分がもった予想や観察記録を確認することを通して、本時の問題を確認する。

「みなさんは今、どんな問題を解決していましたか」

「自分がどんな予想をもっていたか覚えていますか」

2 観測結果を整理する 〈15分〉

・晴れの日の気温の変化を捉えるために、折れ線グラフを使ったことを想起する。

「晴れの時と同じように、くもりと雨の日の気温の変化も折れ線グラフで表してみましょう」

・くもりと雨の日それぞれのデータを見ながら、折れ線グラフに表す。

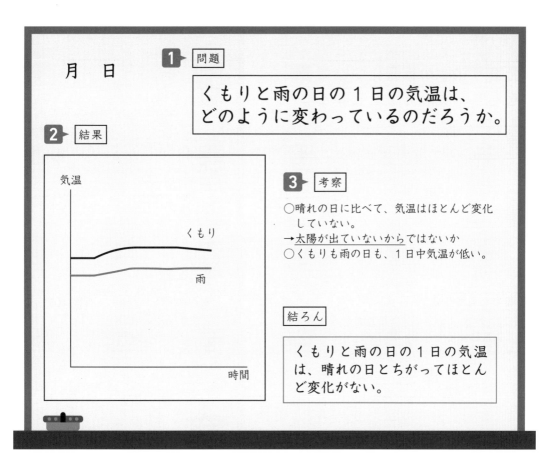

1 問題

くもりと雨の日の1日の気温は、どのように変わっているのだろうか。

2 結果

気温

くもり

雨

時間

3 考察

○晴れの日に比べて、気温はほとんど変化していない。
→太陽が出ていないからではないか
○くもりも雨の日も、1日中気温が低い。

結ろん

くもりと雨の日の1日の気温は、晴れの日とちがってほとんど変化がない。

3 結果を基に、天気と気温の変化との関係について話し合う　〈15分〉

・整理した結果を見て、天気と気温の変化との関係について考えたことを話し合う。

「この結果から、問題に対してどのようなことが考えられますか」

・晴れの日の時のグラフと比較して違いを述べたり、太陽と気温の変化とを関係付けて説明したりする姿が想定される。

4 これまでの学習を振り返る　〈10分〉

・晴れ、くもり、雨の日の1日の気温変化を調べる中で分かったことやできるようになったことを振り返り、ノートに記述する。

「天気と気温との関係を学習してきて、分かったことやできるようになったことは何ですか」

・晴れ、くもり、雨の日の気温変化の特徴にある理由（日光の影響）を説明したり、グラフで表すよさを感じたりする姿が想定される。

第⑥時

水たまりの水の行方について予想をもち、実験方法を立案する

本時のねらい
・水たまりの水の行方について話し合うことを通して、友達と関わりながら予想や方法を考えようとすることができる。

本時の評価
・水たまりの水の行方について進んで関わり、友達と交流しながら問題解決しようとしている。態①

準備するもの
・雨が降っているとき（水たまりあり）と止んだとき（水たまりなし）の昇降口前の写真
・プラスチック容器（各班一つ）
・タブレット（定点観察用）

月　日

1-2 問題

どうして、水たまりの水がなくなっているのだろうか。

2 予想

○水たまりが、しょうこう口に広がったから
　・校庭のかたむきを調べた時に、校庭はかたむいていたからしょうこう口前も同じ
○水がじょう発して、乾いたから
　・朝、せんたく物を干すと夕方にはかわいているのと同じ
　・日光で温められ、じょう発した

授業の流れ ▷▷▷

1 2枚の写真を見て、様子の違いを話し合い、問題を見いだす〈10分〉

あれ？　水たまりがなくなっている。何でだろう。

・2枚の写真を比較し、水たまりの有無や天気の違い等に着目する。 **1-1**

「2枚の写真は、別の日の同じ場所です」

・水たまりの有無に着目し、その理由を考えるよう言葉かけをすることで、問題を見いだすことができるようにする。 **1-2**

「同じ場所なのに、水たまりがなくなっているなんておかしいですね」

2 水たまりの水の行方について予想する〈15分〉

校庭は傾いていて、昇降口前もそうだと思うから、広がったはずだよ。

洗濯物が乾くのと同じで、水たまりも乾いたんだと思うよ。

・予想を立てる際は、写真から得られる情報や生活経験、既習の内容を根拠にして考える子供の考え方を称賛し、全体に広めるようにする。

「自分の経験を理由にすると、説得力があるね」

・予想がもてない子供や、予想に根拠がない子供には机間指導の中で言葉かけをする。

「どうしてそう考えたの？理由が知りたいな」

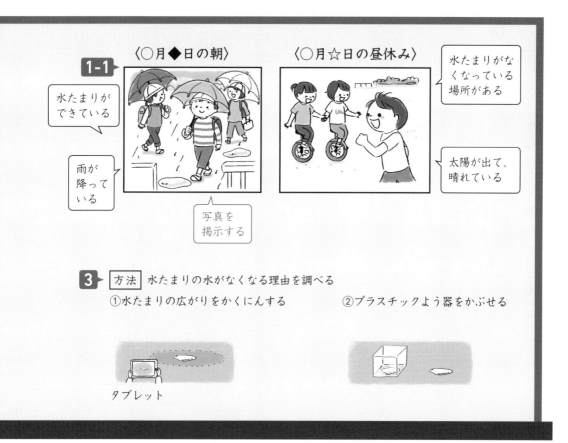

〈○月◆日の朝〉　　〈○月☆日の昼休み〉

1-1

水たまりが
できている

雨が
降って
いる

写真を
掲示する

水たまりがな
くなっている
場所がある

太陽が出て、
晴れている

3　方法　水たまりの水がなくなる理由を調べる

①水たまりの広がりをかくにんする　　②プラスチックよう器をかぶせる

タブレット

3 水たまりの水の行方を
調べる方法を立案する　〈10分〉

・実験方法を立案する際、目的（何を調べる
　か）と結果の見通し（どうなるか）を学級全
　体で共有しながら進めるようにする。

「その方法で何を調べることができますか」

「どんな結果を予想していますか」

・「実体的」な見方を働かせて、方法を考えて
　いる子供を称賛し、全体に広めていく。

「目に見えやすくする工夫が素晴らしいですね」

4 実験の準備を行う　〈10分〉

・実験に使う用具を揃え、屋外へ行き、水たま
　りに対して必要な準備を行う。

・水たまりの上に設置する方法については、ほ
　かの子供への安全配慮を念頭に置くようにす
　る。

・雨が降り、止んだ後に実験を開始する。

第⑦時

水たまりの水の行方について考え、結論を導きだす

本時のねらい

・実験結果を基に、水たまりの水の行方について話し合う活動を通して、自分の考えを表現することができる。

本時の評価

・水の行方について実験を行い、得られた結果を基に考察し、表現するなどして問題解決している。思②

準備するもの

・ホワイトボード（各班分）
・ホワイトボード用マーカー（黒、赤、青）

月　日

2 結果　①水たまりの広がりについて
②プラスチックよう器をかぶせたこ
について

1ぱん	3はん
①水は広がっていかなかった。②プラスチックよう器に水てきがついていた。	①広がらず、時間がたつにつれ乾いていた。②

2はん	4ぱん
①広がらず、時間がたつにつれかわいていた。②	①水は広がっていかなかった。②プラスチックよう器に水てきがついていた。

授業の流れ ▷▷▷▷

1 解決する問題を確認する〈5分〉

・前時に自分がもった予想や実験方法を確認することを通して、本時の問題を確認する。

「みなさんは今、どんな問題を解決していましたか」

「実験結果を確認しに行きましょう」

・本時はなるべく、水たまりが乾ききったときに行うことが望ましい。

2 実験結果を整理する〈15分〉

・各班に1枚ずつホワイトボードを配付し、実験結果を記録できるようにする。

・文章だけでなく、図を用いながら実験結果を記録している子供や班の姿を見取り、その記録の仕方の工夫を称賛し、全体に広める。

「図を使って表すと、さらに分かりやすくなりますね」

1 問題 | どうして、水たまりの水がなくなって いるのだろうか。

3 考察

〇水たまりの水は広がっていかず、そのままかわいていたから、 広がってなくなっていくことはない。

〇水たまりの水はじょう発してその場からなくなった
⇩
・プラスチックよう器に水てきがついた
・よう器をかぶせていない方は乾いていた
・ふっとうの実験の時、ビーカーについた水てきににている

5はん

①水は広がっていかなかっ た。すぐにかわいた。
②プラスチックよう器に水て きがついていた。何もして いない方はかわいた。

6はん

①時間がたつにつれ、どん どんかわいていった。
②

4 結ろん

水たまりの水がなくなったのは、 水がじょう発して空気中に出ていってしまったから。

---

3 実験結果を基に、水たまりの水の 行方について話し合う 〈15分〉

・各班のホワイトボードを黒板に貼り出し、複 数の根拠を基に考察できるようにする。

・子供たちの考察に対して、着眼点や根拠など を問い返したり、称賛したりすることで、よ り根拠が明確な考察になるようにしていく。

「何と何とを比べてみたのですか」

「前に学習したことも理由にすると、より説得 力がありますね」

4 結論を導くとともに、問題解決の 過程を振り返る 〈10分〉

・結論を子供一人一人が書く機会を設定する。

・問題解決の過程について「分かったこと」 「調べ方のよさ・課題」「新たな疑問」などを 視点として振り返り、ノートに記述する。

「これまでの振り返って気付いたことや疑問を ノートに書いてみましょう」

・互いの振り返りを発表し合うことで、友達の 気付きや見方・考え方のよさに触れる。

第⑧時

蒸発によって空気中に出ていった水蒸気の行方について考える

本時のねらい
・空気中に出ていった水蒸気の行方について話し合う活動を通して、根拠のある予想や仮説を発想し、表現することができる。

本時の評価
・水蒸気の行方について、既習の内容や生活経験を基に、根拠のある予想や仮説を発想し、表現している。（思①）

準備するもの
・社会科の学習の資料（板書、写真等）

月　日

3 予想

○じょう発した後、また水に戻る
・じょう水場のしょく員さんが、じょう発した水が雲になって雨をふらせると教えてくれたから
・水のふっとうの実験で、水じょう気は冷えると水てきになっていたから

○水じょう気のまま、空気中にある
・また水になってしまうと、空気がかんそうそうしてしまうから
・目に見えないから、いくらでも空気中にいれるはず

授業の流れ ▷▷▷

1 空気中に出ていった水蒸気の行方を図に表す 〈10分〉

・前時の学習を振り返り、水たまりから空気中に出ていった水蒸気の行方を図に表す機会を設定する。
・水蒸気を○で表したり、山や川、海などまで広がっていく様子を表したりしている子供を称賛し、学級全体に広げるようにする。
「見えないものを見えるようにして考えるとイメージしやすいね」

2 図を基に話し合い、本時の問題を見いだす 〈10分〉

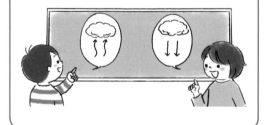

・かいた図を基に、空気中に数多く存在している水蒸気がそのまま増え続けていくかを問いかけ、水蒸気の行方についての問題を見いだすことができるようにする。
「水たまりからたくさんの水蒸気が出てきて、空気中が水蒸気だらけになりそうですね」
「水蒸気だらけにならないと考えるのは、なぜですか」

問題

空気中に出ていった水じょう気は、
その後どうなるのだろうか。

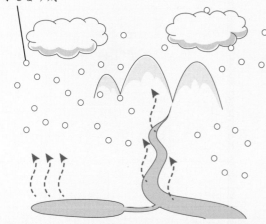

水じょう気

4 方法

①空気を冷やす

氷

ふくろの外に水てきがつくはず

②冷やした物を置いておく

冷やした鉄板

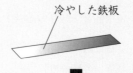

鉄板の表面に水てきがつくはず

3 水蒸気の行方について
予想する 〈15分〉

・社会科の浄水場の学習との関連や既習の内
容、生活経験等を基に予想をしている子供の
考え方を称賛し、学級全体に広める。
「これまで学習したことを結び付けて考えてい
ていいですね」
・予想ができない子供や、根拠が明確でない子
供に対して支援を行う。
「どうしてそう考えたのかな」
「班の友達の考えを聞いてみるといいね」

4 水蒸気の行方を調べるための
方法を立案する 〈10分〉

・実験の目的（空気中の水蒸気の行方を調べ
る）と結果の見通し（どんな結果が得られる
か）を確認しながら、方法を立案する。
「その方法で実験をすると、どのような結果が
期待できますか」

第⑨時

立案した方法を基に実験を行い、結果を整理する

（本時のねらい）
・水蒸気の行方について立案した方法で調べる活動を通して、その結果を分かりやすく記録することができる。

（本時の評価）
・水蒸気の行方について、器具や機器などを正しく扱いながら調べ、それらの過程や得られた結果を分かりやすく記録している。知③

（準備するもの）
・ビニール袋（各班2〜3枚程度）
・氷
・トレイ（各班一つ）
・冷やした鉄板（各班一枚）
・前時の板書の掲示

前時の板書内容を掲示する

（授業の流れ） ▷▷▷

1 解決する問題を確認する 〈5分〉

・前時の学習を振り返り、自分がもった予想や立案した実験方法を確認することを通して、本時の問題を確認する。

「みなさんは今、どんな問題を解決していましたか」
「実験に必要な物を自分たちで揃えて、実験を始めましょう」

2 立案した方法で実験を行う 〈25分〉

・冷蔵庫で冷やしていた金属板を子供に取りに行かせ、様子を観察できるようにする。
・繰り返し実験することができるように、ビニール袋は2〜3枚用意しておく。そうすることで、複数回実験している子供の姿を見取り、その学び方のよさを価値付ける。

「何度も実験して同じ結果だと、確かになるね」

問題 空気中に出ていった水じょう気は、その後どうなるのだろうか。

結果

3 ①空気を冷やす

はん	冷やす前	冷やした後
1	変化なし	ふくろの外に水てきがついた
2	変化なし	ふくろの外側がぬれた
3	変化なし	ふくろの外側に水てきがあった
4	変化なし	ふくろの外側がぬれた
5	変化なし	ふくろの外側に水てきがついた
6	変化なし	ふくろの外に水がついた

3回やっても同じ結果

②冷やした物を置いておく

はん	実験前	実験後
1	変化なし	水てきがついた
2	変化なし	ぬれていた
3	変化なし	水がついた
4	変化なし	水てきがくっついた
5	変化なし	水てきがついた
6	変化なし	ぬれた

3 実験結果を整理する 〈10分〉

・実験前後の様子を記録していたり、複数回実験した結果を表にまとめたりと、結果が一目で分かるように記録している子供の姿を見取り、その学び方のよさを価値付け、全体に広める。

「図や表に整理すると、結果が見やすくなるね」

・ほかの班とは異なる結果が出た場合は、その要因を考え、再実験することを提案する。

「ほかの班と結果が違うのは、何が原因かな」

4 次時の見通しをもつ 〈5分〉

水蒸気を冷やすと…

この結果からどんなことが言えるか、次の時間に考えてみよう

・実験結果を基に、問題に対してどのようなことが言えそうかを考える時間を設定し、ノートにまとめることで、次時の見通しをもつことができるようにする。

「問題に対して、結果からどのようなことが言えるかな。ノートに書いてみよう」

「次の時間に結論を出しましょう」

第⑩時

実験結果から空気中の水蒸気の様子についてまとめ、日常生活に当てはめる

本時のねらい

・実験結果を基に導き出した結論を基に、身の回りの事象について考えることを通して、学習したことを生活に結び付いて考えようとすることができる。

本時の評価

・空気中の水蒸気の様子について学んだことを、生活の中の事象に当てはめて考えようとしている。態②

準備するもの

・前時の板書の掲示
・冷やしておいたコップ

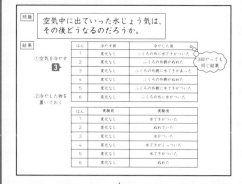

月　日

| 問題 | 空気中に出ていった水じょう気は、その後どうなるのだろうか。 | | |

結果	はん	冷やす前	冷やした後
①空気を冷やす	1	変化なし	ふくろの外に水てきがついた
	2	変化なし	ふくろの外側がぬれた
	3	変化なし	ふくろの外側に水てきがあった
	4	変化なし	ふくろの外側がぬれた
	5	変化なし	ふくろの外側に水てきがついた
	6	変化なし	ふくろの外に水がついた

 3回やっても同じ結果

	はん	実験前	実験後
②冷やした物を置いておく	1	変化なし	水てきがついた
	2	変化なし	ぬれていた
	3	変化なし	水がついた
	4	変化なし	水てきが一ついた
	5	変化なし	水てきがついた
	6	変化なし	ぬれた

前時の板書内容を掲示する

授業の流れ ▷▷▷

1 解決する問題を確認する〈5分〉

・前時の学習を振り返り、実験結果を確認することを通して、解決する問題を確認する。
・大型モニターに前時の板書を映し出すことで、学級全体での共有を行いやすくする。
「実験結果を確認してみよう」
「問題に対して、どんなことが言えそうかな」

2 実験結果を基に、空気中の水蒸気の様子を話し合う〈15分〉

 実験①も②も、冷やすと水滴が付いたから、水蒸気は冷やすと水になるね

沸騰した時の泡を調べた時も、袋の中に水がたまったよね。あれと同じだよ

・自分の考察をノートに書く時間を設定する。
・温度を水蒸気との変化を関係付けて説明したり、水の状態変化といった既習の内容と関係付けて考えたりする子供の姿を見取り、その学び方のよさを価値付ける。
「結果をよく捉えて考えることができたね」
「前に学習したことと結び付けて考えることができて素晴らしいですね」

1 問題

空気中に出ていった水じょう気は、その後どうなるのだろうか。

2 考察

・水じょう気は水に戻った
→実験①で、ビニルふくろ内に水滴がついたから
→実験②で、金ぞく板に水てきがついたから
→じょう水場のしょく員さんが言っていた通りだった。

↓

①も②も、冷やされている。

給食の牛にゅうパック
冬のまどの水てき（結ろ）
冬の車のガラス
　　　　　　　　　など

水てきが付き始める ｜ だったら…

3 結ろん

空気中に出ていった水じょう気は、冷やされてまた水に戻ることがある。 →

〈冷やしたコップ〉

---

3 結論を基に、日常生活の事象に当てはめて考える　〈15分〉

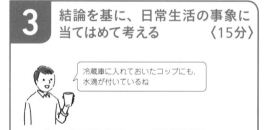

冷蔵庫に入れておいたコップにも、水滴が付いているね

給食の牛乳も同じだね

冬の窓もこうなるよね

・導きだした結論に関する身近な事象（冷やしたコップを常温に置く）を提示することで、生活の中の事象に同じものがないかを考えることができるようにする。

「冷やしたコップに水滴が付くのと似た現象はないのかな」

・学んだことを基に、身近な事象を見つめ直そうとしている子供を価値付ける。

4 問題解決の過程を振り返る　〈10分〉

・問題解決の過程について「分かったこと」「調べ方のよさ・課題」「新たな疑問」などを視点として振り返り、ノートに記述する。

「これまでの学習を振り返って気付いたことや疑問をノートに書いてみましょう」

第⑪時

これまでの学習を振り返り、自分の成長を見つめる

（本時のねらい）
・本単元における学習を振り返ることを通して、分かったことやできるようになったことを表現することができる。

（本時の評価）
・天気と気温との関係や自然蒸発、結露について、これまでの学習とつなげて理解している。知②

（準備するもの）
・これまでの板書の写真
・大型モニター

2 〈天気と１日の気温の変化〉
　○温度計を正しく使えるようになった
　→日光が当たらないように
　→目の高さではかる
　○算数科で習った「折れ線グラフ」を使って考えることができた
　→グラフにすると、変化が見やすい

月　　日

（授業の流れ）▷▷▷

1 これまでの学習を振り返り、本時の問題を見いだす　〈5分〉

・大型モニターに、これまでの板書の写真や子供の学びの姿の写真を提示しながら、これまでの学びを振り返ることで、単元全体でどんな学びをしてきたかを再確認する。
「この時に、自分はどんなことを考えていたかなと振り返ることができていますね」
「分かったことやできるようになったことがたくさんありそうですね。聞いてみたいな」

2 天気と1日の気温の変化について学習したことを振り返る　〈15分〉

温度計を正しく使えるようになったから、これからも使えるね。

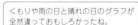
くもりや雨の日と晴れの日のグラフが全然違っておもしろかったね。

・これまでの子供自身のノートや作成したグラフを振り返る場を設定する。
「自分が分かったことやできるようになったことを整理してみましょう」
・習得した知識・技能や学び方について説明する子供を価値付けていく。
「算数科で勉強した折れ線グラフが使うと、変化が見やすかったね」

1 天気の様子の学習を通して、
分かったことやできるようになったことは何かな？

他の教科の
勉強が使える！

3 〈自然の中の水のすがた〉
○社会科の見学学習で聞いたことの
理由が分かった
→水の「じゅんかん」

「だったら…」の
考え方

○身の回りにたくさん結ろがあった

冬の
まどガラス

給食の
牛乳パック

氷が入った
グラス

4 これまでの学習で、ぼく・わたしが分かったこと・できるように
なったことは…

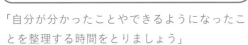

---

3 自然蒸発、結露について学習
したことを振り返る 〈20分〉

社会科の勉強がつながってくる
とは思わなかったです。

結露って，いろいろなところで
起きているんだね。

「自分が分かったことやできるようになったこ
とを整理する時間をとりましょう」
・習得した知識・技能や学び方について説明す
る子供を価値付けていく。
「結露という現象が分かったときに、だったら
…と考えることで、身の回りのことがつながり
ましたね」

4 単元の振り返りを記述する
〈5分〉

・子供自身が分かったことやできるようになっ
たことをノートに記述する場を設定する。そ
れにより、自分の学びを文章で表現し、自覚
することができる。
「これまでの学習で、分かったことやできるよ
うになったことがたくさんありました。学習す
る前から成長しましたね」

8 月と星　B(5)　10時間扱い

単元の目標

　月や星の位置の変化や時間の経過に着目して、それらを関係付けて、月や星の特徴を調べる活動を通して、それらについての理解を図り、観察、実験などに関する技能を身に付けるとともに、主に既習の内容や生活経験を基に、根拠のある予想や仮説を発想する力や主体的に問題解決しようとする態度を育成する。

評価規準

知識・技能	思考・判断・表現	主体的に学習に取り組む態度
①月は日によって形が変わって見え、1日のうちでも時刻によって位置が変わることを理解している。 ②空には、明るさや色の違う星があることを理解している。 ③星の集まりは、1日のうちでも時刻によって、並び方は変わらないが、位置が変わることを理解している。 ④月や星の特徴について、器具や機器などを正しく扱いながら調べ、それらの過程や得られた結果を分かりやすく記録している。	①月や星の特徴について、既習の内容や生活経験を基に、根拠のある予想や仮説を発想し、表現するなどして問題解決している。 ②月や星の特徴について、観察、実験などを行い、得られた結果を基に考察し、表現するなどして問題解決している。	①月や星の特徴についての事物・現象に進んで関わり、他者と関わりながら問題解決しようとしている。 ②月や星の特徴について学んだことを学習や生活に生かそうとしている。

単元の概要

　第1次では、まず星座早見や方位磁針を使った星座の観察方法を身に付ける。そして、夏の星座の観察記録を基に、明るさや色の違う星があることを捉える。

　第2次では、月の動き方について、3年で学習した太陽の動きと関係付けながら、根拠のある予想を大切にしながら問題解決に取り組む。

　第3次では、冬の星座の観察記録を基に、星座は時刻によって並び方は変わらないが、位置が変わることを捉える。

⑴本単元で働かせる「見方・考え方」

　月や星の観察を通して、「時間的・空間的」な見方を働かせ、「天体は規則正しく動いているのか」といった視点や、「月と星の位置関係」といった視点をもって対象と関わり、天体の様子を捉えるようにする。その際、星の位置の変化と時間の経過に着目して、第４学年で重視される「関係付け」という考え方を用いて、季節ごとの星の見え方をまとめるようにする。

⑵本単元における「主体的・対話的で深い学び」

　学校では観察ができない時間帯の月や星の位置がある。「学校では観察できない月や星がどうなっているのか」という問いをもたせることで、星に対する新たな興味・関心を高める工夫が「主体的・対話的で深い学び」につながる。例えば、授業時間に、「半月」を観察・記録し、それをもとにどのように月の形が変化するのかを予想する。その後、夜間家庭で観察・記録をするなどの働きかけにより、星に深く関わるようになる。

指導計画（全10時間）　詳細の指導計画は 💿 08-01参照

次	時	主な学習活動	評価
1	1・2	○星座早見の使い方を知り、午後８時ごろに織り姫星や彦星を探す計画を立てる。	知④
	3	○校庭に出て、方位磁針や星座早見を使った観察の仕方を練習する。 ○観察結果を話し合う。	知②・思②
2	4・5	○月について知っていることを発表する。 **観察1** 定点観察の方法を知り、継続観察する。	（思①）
	6	○前時の観察記録をもとに、半月や満月の観察していない時間の位置を予想し、観察する。	思①
	7	○今までの観察記録や教科書、資料の満月の動きの写真をもとに、月の動きをまとめる。	知①
3	8	○オリオン座の並び方と動きを調べるために、星も太陽や月と同じように動いているか話し合い、観察計画を立てる。 ○冬の夜空の写真からオリオン座を探し、オリオン座の星の並びを知る。	思① 思②・態①
	9	○午後７時ごろと午後９時ごろのオリオン座の星の並び方を観察してオリオン座の位置を記録し、オリオン座の動きを話し合う。 ○定点観察の記録を基に、午後10時のオリオン座の位置を考え、記録カードに書き込み、その後の動きを話し合う。	
	10	○他の星の並び方や星座の動きについて調べ、まとめる。 ○季節の変化と生物の活動に関係があることを話し合い、まとめをする。	知③・態②

第①／②時

夏の星座に興味をもち、観察方法を確認する

本時のねらい

・夏の星座を作っている星の名前や特徴を知り、星の色や明るさを観察するための方法を確認することができる。

本時の評価

・星座早見や方位磁針を適切に操作し、星を観察する方法を身に付けている。知④

準備するもの

・星座早見（1人に1つ）
・星座カード
・ワークシート 💿 08-02
・織姫と彦星のイラスト
・夏の大三角の写真

ワークシート 💿 08-02

授業の流れ ▷▷▷

1　星や星座について知る　〈15分〉

・織姫と彦星のイラストを黒板に貼る。

・子供の発言から、どんな話の内容から、話に関する星の名前に関係付けていく。

・織姫星と彦星には、それぞれ名前があることを示す。

「写真の中から織姫星と彦星を見つけよう」

2　話し合いを通して、問題を見いだす　〈30分〉

・夏の大三角の写真を見て、織姫星、彦星と周りの星を比べて、気付いたことを話し合う。

・織姫星と彦星にはそれぞれ名前があること、また、星座があることを示す。

「星には、明るさや色にちがいがあるだろうか」

1

2

気づいたこと
・大きい星と小さい星が写っている。
・明るさがちがうと思う。
・青い星や黄色い星がある。

3 問題

星には、明るさや色のちがい
があるだろうか。

予想
・夏の大三角や他の星と比べると明るさや色
のちがいがわかりそう。
・どのほしも明るさも色も同じかもしれない。

星を調べるために

4 星ざ早見を使おう
①星ざ早見の内がわの時こく板を回し、調べ
る日の月日と時こくを合わせ、調べる星の
見えるおよその位置を知る。
②方位じしんで、観察する方角を調べる。
③東の空を調べるときは、星ざ早見の「東」
の文字が下にくるように持ち上げ、実さい
の星をさがす。

---

3 星には、明るさや色のちがいがあるかどうかの予想をする 〈15分〉

・明るさや色のちがいがあるかどうかを個人で
予想し、全体で共有する。
・星や星座を正確に観察するには、星座早見と
方位磁針が必要であることを知る。

4 星座早見と方位磁針の使い方を学ぶ 〈30分〉

・星座早見と方位磁針の使い方を学び、正しく
使えるように練習する。
・昼間のうちに、星座がおよその位置に見え
るか予想を立てておく。
・ワークシートに観察したことを記録する。
・実際の観察は、家庭で行うことを伝える。
＊観察が夜の活動となるので、保護者が付き
添って観察するようにする。

第③時

夏の星の観察記録を基に、星の明るさや色について話し合う

本時のねらい
・夏の星の観察記録を基に、他者と関わることで、星の明るさや色についての相違点を見つけることができる。

本時の評価
・空には、明るさや色の違う星があることを理解している。知②
・観察記録を基に、いろいろな星を比較して、星の明るさや色について考察し、自分の考えを表現している。思②

準備するもの
・観察記録
・ホワイトボード
・夏の大三角の写真

1 問題

> 星には、明るさや色のちがいがあるだろうか。

予想

・夏の大三角や他の星とくらべると明るさや色のちがいがわかりそう。
・どの星も明るさも色も同じかもしれない。

授業の流れ ▷▷▷

1 前時の学習の予想を想起する 〈5分〉

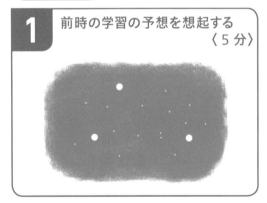

・前時で使用した夏の大三角の画像を黒板に貼る。
・前時で子供から出た予想を想起する。

2 話し合いを通して、星の明るさや色の特徴を見つける 〈30分〉

・3〜4人のグループを構成し、ホワイトボードに星の特徴をまとめる。
・友達の観察記録や発表をよく見聞きし、自分の観察記録との相違点を見つける。
・グループでまとめた後、他のグループのまとめを見に行くように指示する。
・机間指導を行いながら、各ホワイトボードにかかれている夏の星座についての内容を板書していく。

2 観察から

○色
・さそり座　アンタレス（赤）
・おとめ座　スピカ（青白）
・うしかい座　アウクトゥルス（黄）
・はくちょう座　デネブ（白）

○明るさ
・夏の大三角をつくる3つの星は明るい
・明るい星と暗い星があった
・木星と土星も明るかった

○その他
・時間によって星の位置がちがった
・なぜ、色がちがうのか
・流れ星を見た
・月はとても明るかった

3 結ろん

星は、1つ1つ色や明るさがちがう。

---

3 わかったことをまとめ、さらに
知りたいことを話し合う　〈10分〉

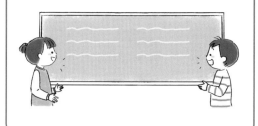

・「星、色、明るさ」のキーワードからまとめ
　の文章を自分の言葉で作るようにする。
・さらにその際、思ったことや調べてみたいこ
　とも書くように促す。

夏の大三角から北極星を見つけよう

　夏の大三角を使って、北極星を見つける
ことができる。
　ベガとデネブを結ぶ線を軸として、アル
タイルの位置をばたんと北に倒すと、そこ
に北極星を見つけることができる。
　北極星は2等星なので、都会の空で見
つけることは難しいが、ぜひ子供たちに紹
介してみよう。

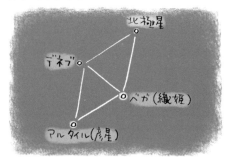

第④／⑤時

月について知っていることを話し合い、月の観察方法を確かめる

本時のねらい

・午後、東の空に見える月の動きを予想し、家や木など、動かない物を目印とする観察方法を確認し、自宅で観察する計画を立てることができる。

本時の評価

・月の位置の変化と時間を関係付けて予想し、自分の考えを絵や言葉で表現している。
（思①）

準備するもの

・月のいろいろな形の写真
・ワークシート 08-03
・方位磁針

ワークシート 08-03

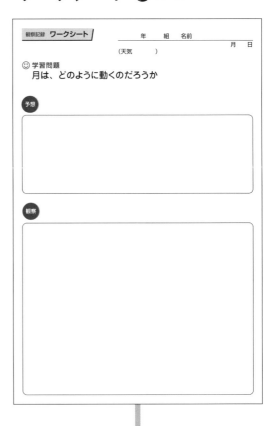

授業の流れ ▷▷▷

1 月について知っていることを出し合う 〈10分〉

・子供の意見に合わせ、月の形の写真を提示する。
・月の形と見た時刻などを板書する。
・子供の発言に対して、「本当かな？」「他の子も見たことある？」などゆさぶりをかけ、問題意識を高められるようにする。
「月は、どのように動くのだろうか」

2 午後の東の空に見える月を確認し、月の動きについて根拠のある予想を発想する 〈35分〉

・少しの間観察することで、「動いているかもしれない」という意識をもてるようにする。
・3年生で学習した太陽の動きを関係付けて、根拠のある予想や仮説を発想することができるようにする。
・「この月の動きはどのように変わるのか」について予想できるようにする。
・予想を交流させ、板書する。

1 問題 月は、どのように動くのだろうか。

写真を掲示する

予想

太陽と同じ動きをする

まっすぐ横に動く

2

・夕方の東の空のひくい空に満月が見えた。
・3日ぐらい前の夕方、西の空に三日月が見えた。
・夜おそくに、満月が空の高い所に見えた。
・くもっていないのに、月が出ていなかった。

3 観察方法

・方位じしんで方角を確認する。
・目印を決めて、同じ場所から観察する。
・1時間あけて観察する。
・月日、時こく、形、動き、気付いたことも記ろくする。

---

3 月の動きを観察する方法を確認し、観察する　〈45分〉

・同じ場所で観察する、動かない物を目印とする、月日、時刻、方位、形、動き、気付いたことなど月を観察する方法を確認し、1〜2時間ごとに定点観察をする。
・観察記録から、次時へつながる考えを取り上げ、学習課題とする。

観察記録ワークシートについて

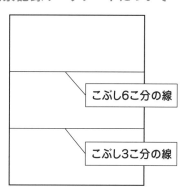

こぶし6こ分の線

こぶし3こ分の線

　記録するときは、月の動きがわかりやすいように、方位と高さの目印になるような電線や木、フェンスなどをかいておくことを指示する。
　また、観察記録ワークシートにこぶし3こずつの線を引いておくと、およその位置がわかりやすい。

第⑥時

東の空の半月の観察記録から、半月や満月の動き方を予想する

本時のねらい

・午後、東の空の半月の観察結果をもとに、半月や満月の位置や傾きの変化と時間を関係付けて考察し、月の動きのその後を予想することができる。

本時の評価

・月の位置や傾きの変化と時間とを関係付けて考察し、月の動きのその後を予想して、自分の考えを表現している。思①

準備するもの

・ワークシート 🔵08-04
・実物投影機

ワークシート 🔵08-04

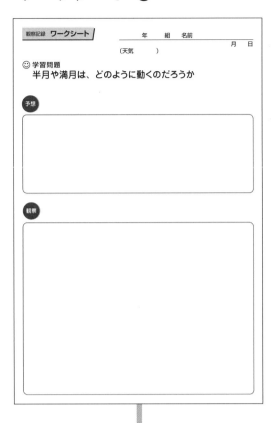

観察記録 ワークシート　　　　年　　組　名前　　　　月　日
（天気　　　　）

☺学習問題
　半月や満月は、どのように動くのだろうか

予想

観察

授業の流れ ▷▷▷

1 半月の観察記録を基に意見交換する 〈10分〉

・月の観察記録を基に、結果を学級全体で発表するように指示する。
・月の動きだけでなく、月の傾きの変化に着目できた子供を称賛する。
・実物投影機などを用いて、観察記録をスクリーンやテレビに映し出せるようにしておく。

2 午後、東の空に見えた半月の動きをグループでまとめる 〈25分〉

・発表した事実を基に、グループで半月の動き方の決まりを見つけるように、ホワイトボードにまとめる。
・太陽の動きと似ていること、１日のうちで形は変わらないことに着目しているグループを取り上げ、多角的な視点でまとめる。
・観察記録をたくさん並べ、決まりについて図で表現できるようにする。

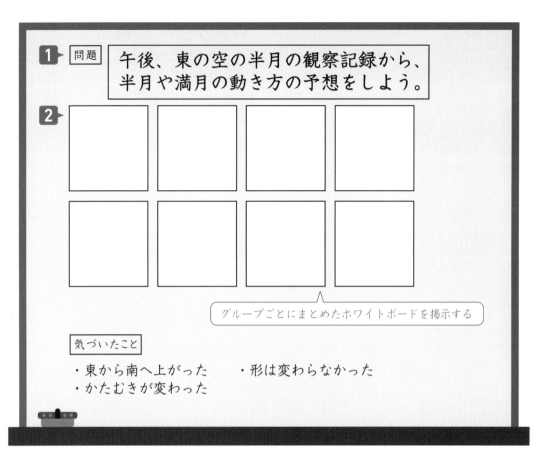

1 問題 午後、東の空の半月の観察記録から、半月や満月の動き方の予想をしよう。

2

> グループごとにまとめたホワイトボードを掲示する

気づいたこと

・東から南へ上がった　　・形は変わらなかった
・かたむきが変わった

3 半月や満月の動きについて根拠をもって予想する　〈10分〉

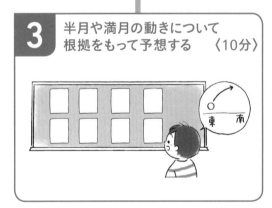

「このまま観察を続けたら、どのように動くと思いますか」

・観察記録やグループのまとめを根拠にして、その後の月の動きを1人で予想できるようにする。

・3年生で学習した太陽の動きと関係付けながら予想できるようにする。

満月の観察について

　学校での学習活動ができないため、家庭での学習となる。次に挙げる点に注意して、満月の観察を行うように家庭に連絡しておくとよい。

・観察場所は、事前に東の方角の視界が開けている場所を選んでおく。

・適した場所がない場合は、大人が付き添い、公園や広場を利用する。

・自宅以外の場所の観察では、夜間のため、安全に十分配慮する。

・観察場所では、簡単な記録に留め、帰宅後、観察記録ワークシートに書き入れる。

・地域によって月の出の時刻に違いがある。事前にインターネットや新聞などで月の出を調べ、それに合わせて観察時刻を決めてよい。

第⑦時

半月や満月の動き方の きまりを見つける

本時のねらい

・今までの観察結果と、満月や他の形の月の形を調べ、月の動きのきまりを見つけ、まとめることができる。

本時の評価

・月は日によって形が変わって見え、1日のうちでも時刻によって位置が変わることを理解している。知①

準備するもの

・ワークシート 💿 08-04
・今までの観察記録

ワークシート 💿 08-04

観察記録 ワークシート　　　　年　組　名前
　　　　　　　　　　　　　　　　　　　　月　日
（天気　　　　）

☺学習問題
　半月や満月は、どのように動くのだろうか

予想

観察

授業の流れ ▷▷▷

1 半月（上弦の月）と満月の観察記録を基に、共通点をグループで見つける〈15分〉

・月の観察記録を基に、結果を発表するように指示する。
・グループで交流後、全体での交流を行う。その際、観察記録を提示するために、教材提示器を用いて、スクリーンやテレビに提示できるようにする。
・月の動きだけでなく、月の傾きの変化に着目できた子供を称賛する。

2 他の形の月（満月、下弦の月、三日月など）の動きを調べる〈20分〉

・調べ学習のために、図鑑、タブレットやパソコンでインターネットが使えるように用意しておく。
・1つの月の形だけでなく、いろいろな月の動きがわかるものがよい。

1 問題 半月や満月の動き方のきまりを見つけよう。

2

東　　　　　　　　　南　　　　　　　　　西

3 結ろん

月は、太陽と同じように、東の空からのぼり、
南の空を通って、西の空にしずむ。

---

3 月の動き方のきまりを太陽の動きと比較してまとめる 〈10分〉

東 南 西　　　　東 南 西

- 調べた月の動きをグループで発表し合うようにする
- 必要であれば、ホワイトボードに図としてまとめ、発表に活用する。
- 結果だけでなく、気付いたこと、不思議に思ったことも入れるようにしたい。
- 教室の中に方角を示し、方角にも意識して、発表できるように助言する。

月の調べ方について

月について学習するに当たって、観察をする時間を考えると、どうしても学校だけではできない。また、真夜中の月の様子を観察することも難しい。そこで、インターネットやアプリを利用して学習することも効果的であると考える。

〈参考となるサイトやアプリ一覧〉
- 国立天文台　各地のこよみ
  https://eco.mtk.nao.ac.jp/koyomi/dni/
- 月出没時刻・方位角計算ページ
  http://koyomi.vis.ne.jp/sub/moonrise.htm
- 月の満ち欠け～本時の月は？～
- シンプル月齢ウィジット
- 月相　フリー

第⑧時

冬の星座に興味をもち、観察方法を確認する

本時のねらい

・冬に見られる星座と夏の星座の違いや、夏の観察をもとに、星の名前や特徴を知り、星の動きについて興味・関心をもち、予想を立てることができる。

本時の評価

・星の位置の変化と時間とを関係付けて予想し、自分の考えを図や言葉で表現している。思①

準備するもの

・星座早見（1人に1つ）
・オリオン座の写真
・教材提示器
・観察記録ワークシート 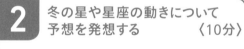08-05
・タブレットやパソコン

ワークシート 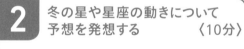08-05

観察記録 ワークシート　　年　組　名前　　月　日
（天気　　）

☺学習問題
冬の星や星ざはどのように動いているのだろうか

予想

観察

授業の流れ ▷▷▷

1 夏の星の観察を基に、冬の星について話し合う〈10分〉

・写真からオリオン座を見つけるとともに、気付いたことを話し合う。
・月や夏の大三角を観察してから時間が経っているため、以前に使った観察記録を振り返り、季節によって見える星座が違うことにも、疑問をもてるようにしたい。

「冬の星や星座はどのように動いているのだろうか」

2 冬の星や星座の動きについて予想を発想する〈10分〉

・星の動きの予想（星の動き、星座の形について）を一人ずつ観察記録ノートに書く。その際、「時間的・空間的」な見方を働かせて、根拠のある予想や仮説を発想する。夏の観察で動いていたことや、今見られる星座が夏とは違うこと、太陽や月の動きと関係付けて予想できるようにする。

1 問題

冬の星や星ざはどのように動いているのだろうか。

予想　・夏の星と同じように動く。
　　　・星の並び方は変わらない。

オリオン座を見つけよう。

2

3 星の動きの観察方法

①オリオンざシートを作る。
②オリオンざが見られる時刻と方角を、星ざ早見で確認する。
　・星ざ早見の日時、時こくを合わせる。
　・南の空を向く。
　・星ざ早見を南の空に合わせる。
③午後7時ごろ、方位じしんを使って、南東の方位を調べ、オリオンざシートを使ってオリオンざをさがす。
④オリオンざの位置（方位・高さ）や星のならび方を調べ、建物や木などといっしょに記ろくする。
⑤同じように、午後9時ごろにも同じ場所で調べ、記ろくする。

3 オリオン座シートを作成し、星の動きの観察方法を確認する〈25分〉

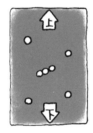

・観察に使用するオリオン座シートを作成する。
・作成後、星の動きの観察方法は、なかなか身に付きにくい。そのため、教室内で簡易天体投影機やプラネタリウムで投影し、観察の練習を行う。この際、オリオン座の広がりを、子供の両手を広げて実感できるようにしたい。

オリオン座シートの作り方

右の図を、透明なシートに白いペンなどで写し、工作用紙で枠を付けたオリオン座シートを作る。

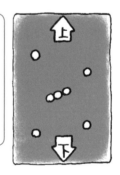

＊観察するときに裏と表、上と下を間違えないように枠に上と下の文字を書く。
＊透明なシートには、ラミネートシートなどの透明度の高いものを使うとよい。ない場合は、クリアファイルを切って使ってもよい。

第 ⑨ 時

オリオン座の観察記録を基に、冬の星の動き方を話し合う

(本時のねらい)
・オリオン座の観察記録をもとに、他者と関わることで、夏の星の動きのきまりとの相違点を見つけることができる。

(本時の評価)
・観察記録をもとに、冬の星の動きや星の位置について考察し、自分の考えを表現している。思②
・冬の星の動きについて、友達と話し合いながら問題解決しようとしている。態①

(準備するもの)
・観察記録
・ホワイトボード
・オリオン座の写真

1 問題 冬の星や星ざは、

2

3 考えたこと
・オリオンざの星のならび方は、時間がたってもかわらなかった。
・オリオンざは、時間がたつと位置が変わった。

(授業の流れ) ▷▷▷

1 前時の学習の予想を想起する 〈5分〉

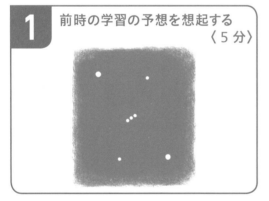

・前時で使用したオリオン座の写真を黒板に貼る。
・前時で見いだした問題と子供から出た予想を想起させる。

2 話し合いを通して、星の明るさや色の特徴を見つける 〈20分〉

・3〜4人のグループを構成し、ホワイトボードに星の特徴をまとめる。
・友達の観察記録や発表をよく見聞きし、自分の観察記録との相違点を見つける。
・グループでまとめた後、他のグループのまとめを見に行く。
・机間指導を行いながら、各ホワイトボードにかかれている内容を板書していく。

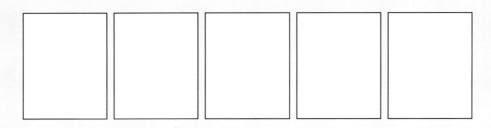

どのように動いているのだろうか。

グループごとにまとめたホワイトボードを掲示する

結ろん
時間がたつと、星ざの位置が変わるが、星のならび方は変わらない。

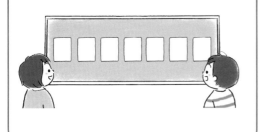

3 わかったことをまとめ、さらに知りたいことを話し合う 〈20分〉

・「星の動き、星のならび方」のキーワードから、まとめの文章を自分の言葉で作るようにする。
・午後10時以降のオリオン座の位置について、根拠をもった予想をして、グループで話し合う。
・思ったことやオリオン座以外の冬の星座について調べてみたいことも書くように促す。

オリオン座にまつわるギリシャ神話

「オリオン座」の三ツ星の下（南）には、「オリオン座大星雲」がある。空の条件がよければ肉眼でもぼんやりと見ることができ、天体写真では、鳥が羽を広げたような形が捉えられる。

ギリシャ神話では、乱暴者であったために神が遣わしたサソリに刺し殺されてしまう。これ以来オリオンはサソリを恐れるようになったといわれている。夏の星座である「さそり座」が地平線から上ってくると「オリオン座」が沈み、反対にサソリが沈むとオリオンが上ってくるという位置関係をうまく表わした神話だ。

全天88星座にはそれぞれにまつわるギリシャ神話があり、理科の読み物として紹介してもよいだろう。

第⑩時

冬の星の動き方を観察し、星の動き方のきまりを確認する

本時のねらい
・オリオン座やその他の星座の動きを観察した結果を基に、グループで話し合う活動を通して、星座は時間が経つと並び方を変えずに動いていることを捉えることができる。

本時の評価
・星の集まりは、1日のうちでも時刻によって、並び方は変わらないが、位置が変わることを理解している。知③
・月や星の特徴について学んだことを学習や生活に生かそうとしている。態②

準備するもの
・観察記録
・ホワイトボード
・実物投影機

問題 星ざは、どのように

2

3 考えたこと
・北の空に出ている星座は動き方がちがう。
・北以外に出ている星は太陽と同じ動きをした。
・夏の星ざは出ていなかった。

授業の流れ ▷▷▷

1 観察してきた結果を発表する 〈15分〉

・観察記録をもとに、結果を発表する。
・グループで交流後、全体での交流を行う。その際、観察記録を提示するために、実物投影機を用いて、スクリーンやテレビに提示できるようにする。
・気付いたことや疑問に思ったことなども発表するように促す。

2 グループで観察したことをまとめ、教室に掲示する 〈20分〉

・3〜4人のグループを構成し、画用紙に星の特徴をまとめる。
・友達の観察記録や発表をよく見聞きし、自分の観察記録との相違点を見つける。
・グループで冬の星座についてまとめた後、他のグループのまとめを見に行く。
・グループでまとめた星座の動きを、見えた方角に合わせて、教室内に掲示する。

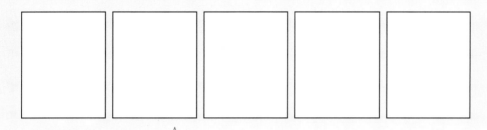

動いているのだろうか。

グループごとにまとめたホワイトボードを掲示する

結ろん

星ざは、ならび方を変えずに、動いている。

3 わかったことをまとめ、さらに
知りたいことを話し合う 〈10分〉

・「星座、動き」のキーワードからまとめの文
章を自分の言葉で作るようにする。
・さらにその際、思ったことや不思議に思った
ことも記述する。記述後、友達の考えを共有
するように、立ち歩きを促すとよい。
・天体全体の動き、四季の星座の動きについて
は発展とする。

**知りたい、見てみたいという
気持ちを育てるために**

　全国各地にある様々なプラネタリウムを
利用して、天体に関する興味・関心をもて
るようにするのもよいだろう。
　全国プラネタリウム協議会（JPA）の
HP には、JPA に加盟する施設一覧が掲載
してあるので、プラネタリウムを探すのに
便利である。
　また、日本航空研究開発機構（JAXA）
の HP には、最先端の宇宙開発についての
情報が掲載されている。さらに、JAXA の
HP 内にある宇宙教育センターには、授業
で使える宇宙教育教材も掲載されている。
ぜひ、教材研究に活用していただきたい。
宇宙教育センター
http://edu.jaxa.jp/materialDB/

編著者・執筆者紹介

[編著者]

鳴川　哲也（なるかわ・てつや）　　文部科学省初等中等教育局教育課程課 教科調査官
　　　　　　　　　　　　　　　　　国立教育政策研究所教育課程研究センター研究開発部
　　　　　　　　　　　　　　　　　教育課程調査官・学力調査官

1969年福島県生まれ。福島県の公立小学校教諭、福島大学附属小学校教諭、福島県教育センター指導主事、公立学校教頭、福島県教育庁義務教育課指導主事を経て、平成28年度より現職。
著書に『アクティブ・ラーニングを位置付けた小学校理科の授業プラン』（編著、明治図書出版、2017）、『小学校理科指導スキル大全』（編著、明治図書出版、2019）、『イラスト図解ですっきりわかる理科』（共著、東洋館出版社、2019）がある。

塚田　昭一（つかだ・しょういち）　　十文字学園女子大学教育人文学部児童教育学科　教授

1965年新潟県生まれ。埼玉県の公立小学校教諭、埼玉県新座市教育委員会指導課指導主事、副課長、公立小学校教頭、文部科学省国立教育政策研究所教育課程研究センター研究開発部学力調査官・教育課程調査官（小学校理科）、埼玉県教育局市町村支援部義務教育指導課主任指導主事、公立小学校校長、埼玉県教育局南部教育事務所主席指導主事を経て、現職に至る。小学校学習指導要領解説理科編作成協力者（平成20年及び平成29年）中央教育審議会初等中等教育分科会教育課程部会理科ワーキンググループ委員（平成27~28年）。著書に『平成29年版小学校新学習指導要領ポイント総整理理科』（編著、東洋館出版社、2017）
『小学校新学習指導要領の展開　理科』（編著、明治図書出版、2017）などがある。

[執筆者]　＊執筆順。所属は令和2年2月現在。

鳴川　哲也	（前出）	●まえがき
		●資質・能力の育成を目指した理科の授業づくり
塚田　昭一	（前出）	●第4学年における授業のポイント
		●第4学年における板書のポイント
木下　順由	大分県別府市立上人小学校教諭	●1　空気と水の性質
大洲　壮一朗	愛知県岡崎市立南中学校教諭	●2　金属、水、空気と温度
橘　慎二郎	香川大学教育学部附属高松小学校教諭	●3　電流の働き
永田　量子	東京都葛飾区立北野小学校教諭	●4　人の体のつくりと運動
岡田　洋平	神奈川県横浜市立上大岡小学校主幹教諭	●5　季節と生物
工藤　周一	東京都足立区立伊興小学校指導教諭	●6　雨水の行方と地面の様子
野口　卓也	福島大学附属小学校教諭	●7　天気の様子
日下部教子	愛知県岡崎市立細川小学校教諭	●8　月と星

『板書で見る全単元・全時間の授業のすべて　理科　小学校4年』付録DVDについて

・各フォルダーには、以下のファイルが収録されています。
　①　板書の書き方の基礎が分かる動画（出演：成家雅史先生）
　②　授業で使える短冊類（PDFファイル）
　③　学習指導案のフォーマット（Wordファイル）
　④　詳細の指導計画
　⑤　児童用のワークシート（PDFファイル）
　⑥　黒板掲示用の資料
　⑦　イラスト
・DVDに収録されているファイルは、本文中ではDVDのアイコンで示しています。
・これらのファイルは、必ず授業で使わなければならないものではありません。あくまで見本として、授業づくりの一助としてご使用ください。
※イラスト素材のファイル番号は便宜的に振ってあるため、欠番がある場合があります。ご了承ください。

【使用上の注意点】
・このDVDはパソコン専用です。破損のおそれがあるため、DVDプレイヤーでは使用しないでください。
・ディスクを持つときは、再生盤面に触れないようにし、傷や汚れ等を付けないようにしてください。
・使用後は、直射日光が当たる場所等、高温・多湿になる場所を避けて保管してください。
・PDFファイルを開くためには、Adobe AcrobatもしくはAdobe Readerがパソコンにインストールされている必要があります。
・PDFファイルを拡大して使用すると、文字やイラスト等が不鮮明になったり、線にゆがみやギザギザが出たりする場合があります。あらかじめご了承ください。

【動作環境　Windows】
・〔CPU〕Intel® Celeron® プロセッサ360J1. 40GHz 以上推奨
・〔空メモリ〕256MB以上（512MB以上推奨）
・〔ディスプレイ〕解像度640×480、256色以上の表示が可能なこと
・〔OS〕Microsoft Windows10以降
・〔ドライブ〕DVDドライブ

【動作環境　Macintosh】
・〔CPU〕Power PC G4 1.33GHz 以上推奨
・〔空メモリ〕256MB以上（512MB以上推奨）
・〔ディスプレイ〕解像度640×480、256色以上の表示が可能なこと
・〔OS〕Mac OS 10.12（Sierra）以降
・〔ドライブ〕DVDコンボ

【著作権について】
・DVDに収録されているファイルは、著作権法によって守られています。
・著作権法での例外規定を除き、無断で複製することは法律で禁じられています。
・DVDに収録されているファイルは、営利目的であるか否かにかかわらず、第三者への譲渡、貸与、販売、頒布、インターネット上での公開等を禁じます。
・ただし、購入者が学校での授業において、必要枚数を児童に配付する場合は、この限りではありません。ご使用の際、クレジットの表示や個別の使用許諾申請、使用料のお支払い等の必要はありません。

【免責事項】
・このDVDの使用によって生じた損害、障害、被害、その他いかなる事態についても弊社は一切の責任を負いかねます。

【お問い合わせについて】
・このDVDに関するお問い合わせは、次のメールアドレスでのみ受け付けます。　tyk@toyokan.co.jp
・このDVDの破損や紛失に関わるサポートは行っておりません。
・パソコンやアプリケーションソフトの操作方法については、各製造元にお問い合わせください。

板書で見る全単元・全時間の授業のすべて
理科 小学校 4 年
〜令和 2 年度全面実施学習指導要領対応〜

2020(令和 2)年 4 月 1 日　初版第 1 刷発行
2024(令和 6)年 4 月 1 日　初版第 5 刷発行

編 著 者：鳴川哲也・塚田昭一
発 行 者：錦織圭之介
発 行 所：株式会社東洋館出版社
　　　　　〒101-0054　東京都千代田区神田錦町 2 丁目 9 番 1 号
　　　　　　　　　　　コンフォール安田ビル 2 階
　　　　　代　　表　電話 03-6778-4343　FAX 03-5281-8091
　　　　　営 集 部　電話 03-6778-7278　FAX 03-5281-8092
　　　　　振　　替　00180-7-96823
　　　　　U　R　L　https://www.toyokan.co.jp

印　　刷：藤原印刷株式会社
編集協力：株式会社ダブルウイング

装丁デザイン：小口翔平＋岩永香穂（tobufune）
本文デザイン：藤原印刷株式会社
イラスト：赤川ちかこ（株式会社オセロ）
DVD 制作：秋山広光（ビジュアルツールコンサルティング）
　　　　　　株式会社オセロ

ISBN978-4-491-03996-1　　　　　　　　　　Printed in Japan